Claudia Seidl



# Erzähl mir die Welt!

**Das Praxishandbuch für erfolgreiches Erzählen**

**Für Kindergarten, Grundschule und zu Hause**

Illustrationen
Margit Feyerer-Fleischhanderl

VERITAS

# Inhalt

# Vorwort

Matthias (8) plaudert mit der Logopädin. Um seine Sprachfähigkeiten abzutesten, fragt diese unter anderem nach dem „Rotkäppchen". Ob er etwas über das kleine Mädchen erzählen könne. Matthias schweigt kurz, dann schüttelt er den Kopf: „Naa, des Video ham ma ned."

Er spricht unbekümmert aus, was heute den Alltag vieler Kinder bestimmt: Die meisten Geschichten werden medial vermittelt, mithilfe des Fernsehens, des Videorekorders, des Kassettenrekorders und des Computers. Damit wird perfekt aufbereiteter Inhalt geliefert. Doch den Kindern wird nicht die Möglichkeit gegeben, ihre sprachlichen Fertigkeiten zu erproben und ihr eigenes Bild von der Welt zu vertreten. Sie werden in ihrem kreativen Potenzial beeinträchtigt, sie konsumieren das Angebot weitgehend passiv.

Dabei gibt es ein „Medium", das bis heute ohne Konkurrenz ist: das mündliche Erzählen.

Geschichten fördern das Verständnis der Kinder von der Welt. Sie befähigen Kinder dazu, Zusammenhänge zu erkennen, und helfen ihnen dabei, ihre Gefühle und Erfahrungen zu verarbeiten, ihre Wünsche und Bedürfnisse auszudrücken. Geschichten sind die Grundlage, auf der jedes weitere Wissen aufbaut. Dies zeigt sich vor allem in der Frühförderung: Kinder, denen zu Hause und im Kindergarten viel erzählt wird, erfassen ihre unmittelbare Umgebung schneller und genauer als „geschichtenlose" Kinder.

Mündliches Erzählen birgt für das ganzheitliche Lernen Qualitäten, an die elektronische Medien nicht im Entferntesten herankommen.

- Man braucht keinen Stromanschluss, um es „in Betrieb zu nehmen".
- Es bezieht die Zuhörer und Zuhörerinnen mit ein.
- Jeder kann sich seine eigenen Vorstellungen machen.
- Jeder kann es.
- Die Geschichten sind unbegrenzt veränderbar und daher immer wieder neu.

Trotzdem selbst erzählte Geschichten eine lange Tradition haben, höre ich immer wieder von Erwachsenen: „Aber ich kann nicht erzählen!" oder „Ich habe das nicht gelernt!" Dieses Buch soll

Ihnen Mut machen, diesen Weg des Lehrens zu gehen. Es ist der einfachste Weg, Erziehung und Unterhaltung zum sogenannten „Edutainment" zu verbinden: Geschichten vermitteln Inhalte, ergänzen durch Zusatzinformationen und verankern das Gelernte auf unterhaltende Weise. An die Geschichte kann sich ein Kind leicht erinnern, weil sie seine Gefühle angesprochen hat. Somit erinnert es sich auch an den sachlichen Inhalt.

Ziel des ersten Kapitels ist es, der Erzählerin zu zeigen, wie sie einen „Erzählraum" gestaltet. Es gibt einige Grundbedingungen, die eine entspannte Atmosphäre schaffen, in der experimentiert werden kann. Dort regiert vor allem die Freiheit, die alle – Kinder wie Erwachsene – zum gemeinsamen Geschichtenerfinden animiert.

Aller Anfang ist schwer. Wie findet man das erste Wort? Wie geht es weiter? Darauf gibt das zweite Kapitel eine Antwort. Es geht der Frage nach, wie man das „richtige Wort" findet und was man mit einem einzigen Wort alles anstellen kann.

Erzählrollen bestimmen den Gang einer Erzählung, sie helfen dabei, Perspektive, Lauf und Stil durchzuhalten. Das dritte Kapitel zeigt verschiedene Archetypen des Erzählens. Für welche sich die Erzählerin entscheidet, liegt unter anderem im Zweck der Geschichte.

Um die Welt zu erfahren, braucht es die sprachliche Erfahrung. Im vierten Kapitel wird auf verschiedene Aspekte im Sachkundeunterricht eingegangen. Wie „mathematisch" sind Geschichten, was erzählt uns die Natur und warum ist die Frage nach dem Geschlecht komplexer, als viele denken?

Wo Geschichten sind, dürfen die Märchen nicht fehlen. Sie spielen in der Entwicklung der Kinder zwischen dem dritten und dem achten Lebensjahr eine große Rolle. Sie sprechen auf psychologisch einfühlsame Weise viele Aspekte des kindlichen Lebens an. Sie machen Dinge zum Thema, die in der Realität zwar eine Rolle spielen, nicht aber thematisiert werden. Wer Märchen erzählt, übt sich in der „hohen Kunst" des Erzählens. Im fünften Kapitel wird anhand eines Märchens erklärt, mit welchen Tricks Geschichtenerzähler arbeiten, um die Zuhörer und Zuhörerinnen bei der Stange zu halten.

Jedes Kapitel hat neben den theoretischen Ausführungen einen Praxisteil. Dort finden Kindergärtnerinnen, Grundschullehrerinnen und alle, die ein Kind in der sogenannten „magischen Phase" vom dritten bis zum achten Lebensjahr betreuen, ein reiches Angebot: Übungen für Erwachsene ebenso wie Geschichten und Spiele für die Kinder.

## Erklärung der Symbole

 **Balance**

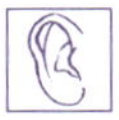 **Hören**

 **Raum**

 **Tasten**

 **Beruf**

 **ich**

 **Schule**

 **Technik**

 **du**

 **Kindergarten**

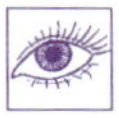 **Sehen**

 **Tiere**

 **Familie**

 **Pflanzen**

 **Stein**

 **Zeit**

# Erzählen – unmöglich!

**Vor mir sitzen die Kinder. Sie sitzen und warten ... warten, dass ich endlich zu sprechen anfange. Heute gibt es eine Geschichte, das habe ich versprochen. Da steh ich also und ... Schweißperlen bilden sich auf meiner Stirn, meine Hände sind plötzlich ganz feucht und mein Puls rast.**

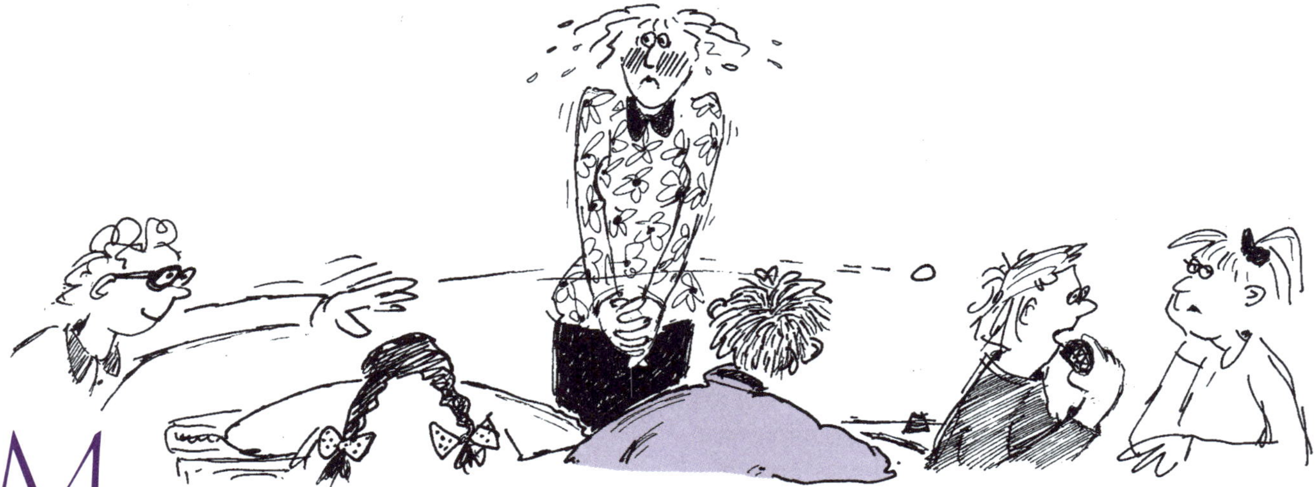

Markus wetzt schon auf dem Stuhl hin und her. Marie Christine ringelt ihre Haare um den Finger. Ines schaukelt. Ein kurzer, verstohlener Blick auf meine Notizen – Wie war das noch? – Ach ja. Ich räuspere mich noch einmal, öffne den Mund und – nur ein jämmerliches Krächzen ist zu vernehmen. Und jetzt werde ich auch noch rot!
Da drücke ich doch lieber auf die „Play"-Taste des Kassettenrekorders. Darauf ist Verlass: Einfach zu bedienen, liefert eine Kassette perfekt dramatisierten Inhalt. Ein „Profi" erzählt, einer, der schauspielen kann, ja sogar dafür ausgebildet wurde. Niemand sieht, dass er den Text herunterliest.
So erleben die Kinder doch noch eine mündlich erzählte Geschichte. Die Kassette wird jenen Ansprüchen gerecht, die die Existenz der Medien heraufbeschworen hat. Die Kinder haben ja schon sehr viel Erfahrung mit „Edutainment", mit gut aufbereiteten Geschichten, immerhin liefert das Fernsehen diese frei Haus. Wie soll ich damit konkurrieren?

Solche und ähnliche Überlegungen stellen viele Erwachsene an und sie hindern uns daran, erfundene oder erlebte sowie tradierte Geschichten selbst zu erzählen. Darum wachsen viele Kinder ohne die Erfahrung auf, Geschichten aus dem Mund ihrer Bezugspersonen zu hören: Familientragödien und -komödien, Dorfgeschichten, Märchen und Erzählungen, in die Sachinformationen verpackt sind.
Die Großen erzählen kaum mehr, weil sie sich zu viel vergleichen. Denn in uns allen steckt das Idealbild von der „souveränen Erzählerin", vom „souveränen Erzähler", dem wir glauben entsprechen müssen. Was oft genug dazu führt, dass sich Erzählanfängerinnen ängstlich selbst beobachten, wie sie erzählen, und sich nach eigenen, überkritischen Richtlinien bewerten: „Ist diese Redewendung gelungen?" „Da muss ich noch einmal wiederholen." „Mist, das hab ich schon gesagt." „Jetzt hab ich den Faden verloren ..." „Aus. So geht das nicht!"

Der Neurobiologe Joseph Le Doux ortete im Menschen ein explizites, deklaratives Gedächtnis, das vom Bewusstsein, und ein implizites, emotionales Gedächtnis, das von Signalen aus der Umwelt gesteuert wird. Letzteres ist eine Art „verborgene Werkstatt", in der alles, was mit den Sinnen erfasst wird, danach beurteilt wird, was es gefühlsmäßig bedeutet. Dort wird z. B. das Umweltsignal „freies Erzählen vor der Klasse" als Angstreiz aufgefasst. Wobei es um die Angst geht, den – meist eingebildeten Erwartungen anderer nicht zu entsprechen. Der Körper reagiert sofort: feuchte Hände, trockene Lippen, zittrige Knie ... und das Herz rast. Diese Stressreaktion des Körpers wirkt auf das Gehirn zurück: Der Mensch weiß bewusst, was ihm Angst gemacht hat, und er erinnert sich in ähnlichen Situationen daran. Erinnerungen werden im unbewussten, impliziten „Furcht"gedächtnis verknüpft, sodass man an eine ähnliche Situation bloß zu denken braucht, um in Panik zu geraten. Ja man muss nicht einmal daran denken: ein bestimmter Ort – das Klassenzimmer –, ein typischer Geruch oder ein spezifisches Geräusch genügen völlig.

**Lampenfieber auf eine einfache Formel gebracht:**

$$\frac{\text{Erzählung x eigene Erwartungen}}{\text{Vorbereitung x Erfahrung}} = \text{Lampenfieber}$$

Andere wieder beurteilen, wie sie auf die Kinder wirken: „Ist die Handbewegung dramatisch genug?" „Wieso passt Julian nicht auf?" „Was tut Ines unter der Bank?" „Vielleicht soll ich aufstehen ..." „Gehe ich zu viel herum?" „Da kommt eine spannende Stelle – die Stimme heben, senken, laut, leise werden, eindringlich sprechen ...!"
Diese inneren Monologe, die das Erzählen begleiten, verfremden nicht nur den Erzählfluss, sie schaffen sogar genau jene Situation, vor der wir uns so sehr fürchten: Wir wiederholen unnötig, stocken, übertreiben Gestik und Mimik – schließlich trocknet die Geschichte ganz aus. Die Kinder langweilen sich bald und hören nicht mehr zu, sie widmen sich interessanteren Dingen. Und wir fühlen uns bestätigt: „Ich hab's ja gewusst! Ich kann nicht erzählen."

## Von der Realität

Ängste hemmen und lassen uns nicht die Möglichkeit, flexibel zu handeln. Das Befürchtete tritt in Form einer „self-fulfilling prophecy" auf diese Weise nur allzu oft wirklich ein: Man verliert den Faden, die Händen werden feucht, man stottert, findet nicht die richtigen Worte und zu guter Letzt misslingt die Pointe.
Was kann man nun gegen diese Ängste tun? Psychologen raten, die Situation, die das hemmende Gefühl auslöst, einmal ganz genau unter die Lupe zu nehmen. Also schauen wir es uns einmal an, das „Erzählen".

### Jeder Mensch erzählt

Egal ob mir die Straßenbahn vor der Nase davongefahren, ob der gestrige Abend besonders lustig gewesen, der schüchterne Mario endlich aus sich herausgegangen ist ... Sobald ich meiner Kollegin zurufe: „Stell dir vor, was passiert ist!", beginne ich Geschichten zu „erfinden". Ich halte mich an das tatsächlich Geschehene, doch wird es kreativ verändert. Und, was selten wahrgenommen wird, die Art und Weise, wie solche Alltagsbegebenheiten kommentiert werden, ist bereits „Erzählen“. Es entstehen „Miniaturerzählungen“.

> Wir träumen in Geschichten, erinnern, antizipieren, hoffen, verzweifeln, glauben, planen, revidieren, kritisieren, konstruieren, klatschen, hassen und lieben in Form von Erzählungen.
>
> *Barbara Hardy, Literaturwissenschaftlerin*

## Kinder lieben Geschichten

Am liebsten haben Kinder Geschichten, die von ihrem Alltag erzählen: Begebenheiten, die sie selbst erlebt haben oder in denen sie sich wieder finden, die sie ihrem vertrauten Bezugsrahmen zuordnen können, die mit Ritualen und Personen spielen, diese verändern und verfremden. Sie üben spielerisch, was Bruno Bettelheim als die „größte und zugleich schwerste Aufgabe“ des Menschen bezeichnete: Im Leben einen Sinn zu finden.
*(Bettelheim: Märchen, 1980, S. 9)*

Durch Geschichten erfahren Kinder zunächst sich selbst und dann die Welt um sie herum. Geschichten sind komplex wie die Umwelt und das Geschehen, das sie den lieben langen Tag beschäftigt. Geschichten verknüpfen und schaffen Sinn; sie veranschaulichen Gefühle, Personen und Dinge, vermitteln Wissen. Gut erzählte Geschichten haben keine losen Enden, Handlungen werden in ihren Konsequenzen dargestellt, Begegnungen haben eine Bedeutung – und das gibt Sicherheit. Wird die Geschichte noch dazu von einer Bezugsperson erzählt, helfen die vertrauten Gesten, die Mimik und die Stimme dabei, das Gehörte einzuordnen und zu erfassen.

## Erzählen heißt miteinander reden

Kinder gehen mit mündlich Erzähltem spielerisch um. Sie treten in einen Dialog, wollen manche Passagen erweitert, manche verkürzt haben, verändern plötzlich selbst ein zentrales Detail. Sie nehmen Anteil an dem, was geschieht, und sei es nur als Zuhörer, deren Mimik und Körperhaltung zeigt, was sie fühlen. Alle, die zuhören, sind mitten im Geschehen und beteiligen sich daran. Und es kann sogar vorkommen, dass die Geschichte der erzählenden Person „aus dem Mund genommen“ und einfach von einem Kind weitererzählt wird.
Aber nicht nur die Kinder, auch die erwachsenen Erzählerinnen haben ein Recht auf Toleranz. Oberstes Gebot sich selbst gegenüber: Niemals daran denken, wie man wirkt! Sobald sich dieser kleine Teufel nämlich im Gehirn festsetzt, ist das der Anfang vom Ende. Hier sind Kinder im Vorteil, sie sind meist unbekümmerter. Allerdings sind sie schon lange nicht mehr davor gefeit, überhöhten Erwartungen entsprechen zu müssen. Auch sie kennen mittlerweile Leistungsangst und wollen erwachsenen – oft auch eingebildeten – Ansprüchen gerecht werden. Das alles aber hat beim Erzählen nichts verloren!

### Wie (Leistungs-)Angst auf die Sprache wirkt

Die deutsche Psychologin Dr. Katja Mackowiak untersuchte das Verhältnis zwischen Sprache, resultierendem Denken und Problemlösen. Das Ergebnis: Die Angst, realen oder auch eingebildeten Erwartungen nicht entsprechen zu können, behindert das sprachliche Verhalten von Vorschulkindern erheblich. Besonders die Jüngeren verweigern aus Ängstlichkeit kommunikatives Sprechen. Mädchen sind davon stärker betroffen als Jungen. Sie neigen in den meisten Fällen rascher dazu, an sich zu zweifeln, als Jungen und vermeiden es, sich Herausforderungen zu stellen.

*(Mackowiak: Ängstlichkeit, 1998)*

## Am Anfang ist das Wort

„Das war damals im Krieg, als ich noch Hüttenwirtin war. Eine Gruppe Kinder, so zwischen fünf und acht Jahre alt, war mit einer Betreuerin bei mir einquartiert. Stadtkinder. – In der ersten Woche verfinsterte sich plötzlich mitten im schönsten Spielen der Himmel; man sah sofort, was da auf uns zukam. Also rief ich alle herein, gerade rechtzeitig. Strom hatte ich da oben keinen und Kerzen waren Mangelware. Wir saßen zusammengedrängt im Dunkeln, unsere Gesichter konnten wir nur erkennen, wenn es blitzte. Richtig gespenstisch war das. Ein paar Kinder hatten Angst, sie wollten fest gehalten werden, eine vertraute Stimme hören. Andere langweilten sich und zappelten herum, sie wollten beschäftigt sein. Die Betreuerin hat mich dann gefragt, wie lange das noch so weitergeht mit dem Wetter. Als ob man so etwas wissen kann. Manchmal zieht ein Wetter in den Bergen so schnell ab, wie es gekommen ist; manchmal dauert es stundenlang. Was sollte ich da sagen? – Da erfand ich die Geschichte vom kleinen Donner und dem Wasserfall, einfach so. Das wirkte: Sogar die ängstlichen Kinder machten mit, hörten auf den Donner und sagten: ‚Jetzt ist er schon dort, uiih, wie er sich ärgert ... hör mal, jetzt er wird leiser.' Wir zählten gemeinsam die Sekunden zwischen Blitz und Donner, ließen den Wasserfall murmeln. Laut und leise. – Das Gewitter war längst vorbei, bettelten die Kinder noch immer, ich soll noch etwas erzählen. Da wusste ich: Das ist es!"

So erzählt die mittlerweile pensionierte Maria Lerner, warum sie sich entschlossen hat, Erzieherin zu werden. „Tante Maria" war nicht nur bei den ihr anvertrauten Kindern bekannt dafür, alle Fährnisse des Lebens mit einer Geschichte zu begleiten. Jeder, der jemals mit ihr zu tun hatte, weiß, dass sie einfach etwas erfindet, wenn sie zum anstehenden Problem keine eigene Erfahrung beisteuern kann. – Wer weiß, vielleicht ist ihre „Geschichte vom ersten Mal" mir und dem Thema dieses Buches zuliebe ebenfalls erfunden? Doch was soll's? Sie berichtet davon, was alle, die erzählen möchten, brauchen: den Mut, ins kalte Wasser zu springen; einen Anreiz, die Blockade zu überwinden und spontan zu erzählen.

**Äußere Widerstände gegen das Erzählen:**

- Der Raum ist ungemütlich.
- Die Geräuschkulisse ist zu stark.
- Die Kinder sind unruhig.
- Es herrscht eine hektische Stimmung.
- Der Zeitpunkt scheint ungeeignet.

**Innere Widerstände gegen das Erzählen:**

- Die erzählende Person vergleicht sich mit „professionellen" Erzählern.
- Die erzählende Person wertet sich und ihre Fähigkeiten selbst ab.
- Die erzählende Person ist nervös, findet keine innere Ruhe.

Das erste Wort, den ersten Satz zu finden und ihn schließlich auszusprechen fällt vielen Menschen schwer. Das gilt für Erwachsene ebenso wie für Kinder. Besonders jene, die zu Hause nicht dazu angehalten werden, selbst zu erzählen, oder denen nie erzählt wurde und wird, haben Probleme damit, den Anfang zu wagen.
Die Aufgabe der Kindergärtnerin, Lehrerin oder jeder anderen Person, die den Wunsch hat, zu erzählen, ist es nun, sich zunächst selbst so weit zu entspannen, dass es ihr möglich wird, eine freundliche Atmosphäre zu schaffen. So wird auch den Kindern die Scheu genommen und der Dialog wird erleichtert.

### Nichts lässt sich erzwingen!

Dieser Grundsatz sollte nie vergessen werden. Eine gründliche Vorbereitung trägt jedoch viel dazu bei, sich in eine Stimmung zu versetzen, in der das Erzählen „von allein“ kommt. Dies betrifft nicht nur erzähltechnische oder didaktische Überlegungen, sondern zuallererst die Gestaltung der Atmosphäre.
Man braucht nicht unbedingt Blitz und Donner, um ein günstiges „Erzählklima“ zu schaffen – es genügt, den Kindern ein Zusammengehörigkeitsgefühl zu vermitteln. Tante Marias kleine Zuhörer saßen in einer heimeligen Stube beisammen; die Stimme der Erzählerin war ihnen vertraut. Einige Kinder waren verängstigt, vielleicht auch müde vom Spielen, aber sobald Tante Maria zu erzählen anfing, fühlten sie sich geborgen. Die Stimmung passte: Draußen tobte das Gewitter, aber in der warmen Stube konnte ihnen nichts geschehen, hier waren sie sicher. Davon waren sie überzeugt. Sie waren bereit zuzuhören – entspannt, vertrauensvoll und konzentriert.

**Was trägt zu einer angenehmen Atmosphäre bei?**

- gemütliche Sitzecken
- gedämpftes Licht oder eine Kerze
- eine angenehme Raumtemperatur
- ein eigener Kuschelpolster für jedes Kind (von zu Hause mitgebracht)
- körperliche Nähe für die Kleinsten

## Entspannungsübungen für Erwachsene

### Kleine Atemübung

Atmen Sie bewusst einige Male tief ein und langsam wieder aus. Lassen Sie dabei den Unterkiefer hängen und geben Sie der Stimme einen Ton.

### Gähnen

Gähnen ist die einfachste Methode, um sich schnell belebenden Sauerstoff zuzuführen. Stellen Sie sich vor das offene Fenster, gähnen Sie laut und mit weit offenem Mund. Dabei strecken Sie sich von den Zehen bis zu den Fingerspitzen.

### Große Atemübung

- Setzen Sie sich bequem auf einen Sessel, stellen Sie die Füße flach auf den Boden, legen Sie die Handrücken auf die Knie.
- Schließen Sie die Augen. Atmen Sie tief durch die Nase ein – zuerst in den Bauch, dann in den Brustkorb, den Sie langsam vorwölben. Zählen Sie dabei bis vier.
- Halten Sie den Atem an und zählen Sie bis sechs.
- Während Sie bis acht zählen, atmen Sie langsam bei offenem Mund aus. Lassen Sie erst die Luft aus dem Bauch herausströmen, dann aus dem Brustkorb. Der Unterkiefer darf locker herunterhängen.
- Wiederholen Sie die Übung fünfmal und entspannen Sie abschließend das Gesicht, indem Sie ausatmen, den Kopf auf die Brust sinken und die Gesichtsmuskeln „hängen“ lassen.

### Vertrauen fördern, schaffen, schenken

Vertrauen fördern heißt ein offenes Ohr zu haben, falls einmal zu einem nicht vorgegebenen Zeitpunkt bei den Kindern das Bedürfnis besteht, eine Geschichte zu hören oder zu erzählen. Es gibt

einfach Gelegenheiten, die man nicht verstreichen lassen sollte: ein neues Stoffgebiet, ungeklärte Begebenheiten, Ausflüge, längeres gemeinsames Gehen, ein Lagerfeuer ... So kann man spontan auf Fragen oder auch auf kreative Ideen der Kinder eingehen.
Das bedeutet, alle können dem, was kommt, gelassen entgegensehen: Erwachsene und Kinder können sich gleichermaßen darauf einlassen. Denn: Es ist nichts vorgegeben. Im Idealfall bringen die kleinen Zuhörer sogar ihre eigenen Ideen ein. Das gelingt umso besser, je öfter die Kinder mit dem mündlichen Erzählen konfrontiert sind.
Es schafft Vertrauen, wenn die Kinder sich darauf verlassen können, dass regelmäßig erzählt wird. Am besten widmet man täglich eine bestimmte Zeit „den Geschichten"; dazu gehören auch vorgelesene Erzählungen und Fantasiereisen. Ein paar Termine pro Woche sollten aber fürs freie Erzählen oder Erzählenlassen reserviert sein. Ein regelmäßiger Erzählkreis, der einmal oder zweimal wöchentlich stattfindet, kann dieses Vertrauen fördern.
Vertrauen schenken heißt, dass eine Geschichte als das gesehen wird, was sie ist: Sie ist ein Teil der Persönlichkeit der Erzählerin, des Erzählers und doch niemals ein fertiges Produkt. Wer erzählt, verändert, gestaltet, folgt spontanen Einfällen und wird oft selbst vom Ausgang überrascht.

## Entspannt

Gerade zwischen dem dritten und dem achten Lebensjahr sind Kinder extrem gefordert: Ihre Gefühle stehen im Widerstreit mit ihrer Umgebung, ihre Ideen lassen sich oft nicht verwirklichen, sie haben ein großes Pensum an Anforderungen von außen zu bewältigen und ihnen fehlen oft noch die Worte, ihre Bedürfnisse zu artikulieren. Auch sind Kindergarten und Schule Institutionen, in denen sie sich erst einmal zurechtfinden müssen. So fühlen sie sich oft „zu klein" für die Welt.

Erzieherinnen, die mit Kindern in diesem Alter zu tun haben, kennen die Anzeichen: Die Kinder brechen unvermittelt in Tränen aus, provozieren, sind aggressiv und unruhig. Andere wiederum ziehen sich zurück, sind schüchtern und wirken verängstigt.

Jedes Kind zeigt auf seine Weise, wenn es gestresst ist. Doch die Unruhe kann sich auf eine ganze Gruppe, sogar die ganze Klasse übertragen.
Mit Geschichten gibt man den Kindern Worte für Situationen, die sie belasten, lässt sie ihre Gefühle erforschen und erklären und gibt ihnen so ein Instrumentarium in die Hand, um Spannungen abzubauen.
Gekoppelt mit – interaktiven – Bewegungsübungen ist das Geschichtenerzählen eine optimale Methode, den Kindern zu helfen, ruhiger zu werden. Je mehr sie die Möglichkeit haben, sich auszutoben, umso schneller bauen sie die Erregung ab. Und nach dem Herumtoben wirken einfache Meditationsübungen oder Fantasiereisen besonders entspannend.

> Entspannung muss man zulassen, sie kann nicht geleistet werden.
>
> *Martin Stiefenhofer, Autor*

Tipp:

Viele Kindergärten haben einen Bewegungsraum, der sich für die Übungen eignet. In der Schule kann man den Turnunterricht nutzen, indem man ihn vielleicht mit den hier beschriebenen Übungen abschließt.

## Ideenteil

### Holz hacken

Die Kinder stehen im Kreis. Ein Kind nach dem anderen lässt die „Axt" fallen und schreit dabei „Ha". Danach hebt es die Arme wieder hoch, bis es erneut an der Reihe ist. Zuerst wird allein geübt, dann sollten die Kinder das „Holzhacken" aufeinander abstimmen. Vorsicht: Wenn sich das Tempo zu sehr beschleunigt, sollten Sie bremsend eingreifen.

### Waschtag im Zoo

Je zwei Kinder gehen zusammen: Eines ist der Wärter, das andere das Flusspferd. Letzteres legt sich mit dem Bauch auf den Boden/die Matte, der Wärter kniet daneben. Er „spült" das Flusspferd „ab", indem er mit beiden Händen über seinen Rücken streicht; dann seift der Wärter das Tier mit kreisförmigen Bewegungen ein und massiert es schließlich ausgiebig mit den Fingerspitzen. Danach wird wieder „abgespült" und mit sanften Streichbewegungen „abgetrocknet".
Nachdem sich die beiden Kinder abgewechselt haben, endet die Übung mit ein paar Minuten Ruhe. Dazu können sich die Kinder hinlegen und ruhig atmen.

### Faule Hunde

Je zwei Kinder gehen zusammen. Das eine Kind liegt entspannt als „Hund" in der warmen Sonne. Das andere streicht mit den Handflächen über den Rücken des Hundes. Plötzlich beginnt es stark zu regnen, Tropfen fallen auf die Hunde – Fingerspitzen tanzen über die Hunderücken. Doch es regnet immer stärker, die Hunde werden sehr nass. Sie müssen trocken gerubbelt werden ... Dann strecken und recken sich die Hunde, brummen wohlig, stehen auf und schütteln sich. Wieder sollen sich die Kinder abwechseln. Zum Ausklang der Übung können wieder ein paar Ruheminuten eingeplant werden.

### Honigsuche

(Dazu gehört die „kleine Atemübung" von Seite 10. Zeigen Sie es vor und atmen Sie deutlich mit. Das hilft den Kindern dabei, in den richtigen Rhythmus zu kommen.)
Die Kinder bewegen sich nach folgender Geschichte:
Bären trotten durch den Wald, sie wanken vor Hunger. Sie suchen und suchen, aber sie finden nichts. Plötzlich recken sie ihre Schnauzen in den Wind: Was ist das für ein Duft? Die Bären atmen tief, ganz tief ein und lassen ein zufriedenes Brummen hören. Einmal, zweimal, dreimal ... um ganz sicher zu gehen: Ja, da riecht's nach Honig.

Tipp:
Wo der Honig versteckt ist und wie die Bären an ihn herankommen, was Bären sonst noch fressen, wo sie leben, ob sie selbst schon welche gesehen haben – das alles können sich die Kinder gemeinsam überlegen, nachdem sie sich wieder hingesetzt haben. Und schon gibt's was zu erzählen!

## Wenn einmal weniger Platz ist

### Das Lied von der Stimmung

Dieses Lied ist nach der Melodie von „Von den blauen Bergen kommen wir" zu singen.
„Wenn ich fröhlich bin, dann klatsch ich in die Händ'" – Händeklatschen
„Wenn ich traurig bin, dann wein ich einfach mal" – Weinen
„Wenn ich wütend bin, dann schrei ich einfach mal" – lautes, sich steigerndes Schreien, eventuell gleichzeitiges Stampfen
Zuletzt:
„Wenn ich listig bin, dann schleich ich einfach mal" – leises Schleichen auf Zehenspitzen zum Sitzplatz

### Grimassenschneidelied

Die Kinder stehen im Kreis und schneiden verschiedenste Grimassen. Währenddessen wird folgender Text nach der Melodie von „Dornröschen war ein schönes Kind" gesungen:
„Alle Kinder können's leiden,
wenn sie tolle Grimassen schneiden.
Alle Kinder im ganzen Land,
sind beim Fratzenschneiden außer Rand und Band."
Der Reihe nach wird jedes Kind angeschaut. Nun wird geraten: Ist es ein Elefant, ein Pferd, eine Hexe?
Dann wird weitergesungen:
„Ei der Daus, ei der Daus,
die/der (Name) sieht wie ein (...) aus."
(wiederholen)
*(Grabbet, Regina: Das große bunte Spielebuch für Kinder von 2 bis 6 Jahren. Falken Verlag, Niederhausen/Ts. 1996, S. 47)*

### Guten Morgen

Anleitung: Ihr erwacht morgens in eurem Bett. Langsam öffnet ihr die Augen und nehmt das Zimmer wahr. Dann gähnt ihr laut und mit weit offenem Mund und streckt euch so lang aus, wie es geht, von den Zehen bis zu den Fingerspitzen.

## Konzentriert

Kinder lassen sich gerne von einer Erzählung bannen. „Die ‚lästigsten' Kinder werden dann ruhig und sind aufmerksam", sagt auch Professor Kloyber, Lehrender an der Pädagogischen Akademie in Linz. Leider hat gerade diese Eigenschaft das Erzählen in Verruf gebracht. Viele engagierte Pädagogen und Pädagoginnen sind der Meinung, dass diese Ruhe erzwungen sei und sie die Kinder in ihren Bedürfnissen, sich die Welt anzueignen und zu gestalten, beeinträchtige. Die Vertreter dieser Ansicht glauben aus eigener Erfahrung zu sprechen, dabei verwechseln sie jenen Frontalunterricht, den sie selbst in der Schule genossen haben, mit gestaltetem „Erzählen".
In einem Punkt haben sie allerdings Recht: Sobald es in ihrer Laufbahn als Schüler und Schülerinnen ums Sprechen oder Schreiben ging, wurde das Grundbedürfnis nach spielerischer Aktivität gern vergessen.
Doch Sprache zu lernen ist ein „Kinderspiel". Ein Spiel, das Kinder von Geburt an perfekt beherrschen – vorausgesetzt sie erfahren ungehindert, was Sprache ist: das wichtigste Instrument, mit dem sich Erfahrungen erfassen und verarbeiten lassen.
Wie Ernst J. Kiphard, der Vater der Motopädagogik, feststellte, sammeln Kinder Erfahrungen, indem sie sich an ihrer Umwelt handelnd erproben. Mit Hilfe ihrer Sinne kontrollieren sie den Erfolg ihrer Handlung und testen so die Realität. Schaffen sie es, diese Handlungen sprachlich umzusetzen, sie zu benennen, haben sie ihr Spektrum an Bewegungs- und Wahrnehmungsmustern erhöht. Je mehr dieser Muster den Kindern zur Verfügung stehen, umso umfassender werden sie ihre Umwelt erforschen, sie verstehen und gestalten lernen, behauptet Kiphard.
Kleine Kinder verarbeiten Wahrnehmungen völlig anders als Schulkinder und Erwachsene. Jean-Pierre Lecanuet vom Nationalen Forschungszentrum in Paris weist darauf hin, dass es bei den Kleinen wesentlich mehr Querverbindungen im Großhirn gibt als bei Erwachsenen. Die sechs Sinne – Sehen, Hören, Riechen, Tasten, Schmecken und der sehr wichtige Gleichgewichtssinn – funktionieren noch in einer Art „Synästhesie", sodass Informationen, die von einem System aufgenommen werden, von einem anderen verarbeitet werden können. Diese innere Balance ist es, die es den Kindern in den ersten Jahren ermöglicht, ein großes Pensum an Fertigkeiten zu erlernen. Das neuronale Netz wird durch diese vielfältigen Wahrnehmungen ständig erweitert und ausgebaut. Dies bildet die Basis für ihr Wissen über die Welt.

Jede erzählte Geschichte hilft dem Gehirn neue Muster und Verbindungen zu schaffen, denn sie spricht viele Sinne an: Kinder lauschen der Stimme, ihrem Klang, erläuternden Geräuschen; sie machen sich ein Bild von den Gefühlen, die in der Geschichte eine besondere Rolle spielen, indem sie die Mimik der Erzählerin, des Erzählers beobachten; bei spannenden Passagen scharren sie mit den Füßen, wickeln sich die Haare um die Finger, lutschen an ihrem Daumen. – Aufmerksam zu sein heißt auch körperlich aktiv sein.

## Ideenteil

Besonders **Reihungsgeschichten** kommen diesem Grundbedürfnis, den Denkprozess durch Bewegung anzuregen, entgegen: Sie reihen verschiedene Stationen oder Bilder aneinander, die im Geiste abgegangen werden. Gleichzeitig verlangen sie nach körperlicher Aktivität, um den Lauf der Geschichte, das Denken, in Gang zu halten. Die nächste Station, der nächste Abschnitt fällt einem leichter ein, wenn man in Bewegung ist, z. B. indem man auf und ab geht.

Tipp:
Jede Reihungsgeschichte lebt von der Bewegung. Am einfachsten ist es, die handelnde Person von einem Ort zum anderen gehen zu lassen. Sprechen Sie langsam und lassen Sie den Kindern Zeit, sich die Stationen gut vorzustellen.

### Der Feuersalamander

Die Feuersalamander sitzen in ihren Erdlöchern und frieren. Da beschließt einer von ihnen tief hinunter in die Erde zu wandern. Dort ist nämlich ein großes Feuer. Die anderen Feuersalamander lachen ihn aus. „Wir warten lieber auf die Sonne", sagen sie. Der Feuersalamander kriecht trotzdem in die Erde, an den Baumwurzeln vorbei durch den Humus und immer tiefer. Es ist dunkel da unter der Erde und der Feuersalamander wird allmählich müde. Aber er kriecht weiter, immer tiefer: an den Wasserquellen unter der Erde vorbei, durch die Gesteine, an den Felsen mit Edelsteinen und den Goldadern vorbei. Auf seinem Weg trifft er den Maulwurf, die Mäuse, Engerlinge ... Endlich kommt er an das große Feuer. Da ist es so heiß, dass die Steine kochen, das Feuer ist außen blau und dann grün und dann rot und dann gelb und in der Mitte ist es weiß vor Hitze. Der Feuersalamander staunt, er wärmt sich an dem großen Feuer. Dann kriecht er wieder nach oben. – Der ganze Weg wird nochmals in umgekehrter Reihenfolge beschrieben.
Er erzählt den anderen Feuersalamandern vom großen Feuer – Wie war das noch? Hier werden die Kinder schon helfend eingreifen!
Plötzlich frieren die Salamander nicht mehr. Der kleine Feuersalamander muss ihnen von seiner Reise immer und immer wieder erzählen und dabei vergessen sie völlig, dass sie frieren.
*(Nach: Wölfel: Suppengeschichten, 1968)*

### Das Wunderbuch

Zu dieser Reihungsgeschichte klatschen die Kinder oder sie gehen im Kreis.

Auf einem Wunder-Wunder-Stern
liegt ein Wunder-Wunder-Land
Und in dem Wunder-Wunder-Land
liegt ein Wunder-Wunder-Garten
Und in dem Wunder-Wunder-Garten
steht ein Wunder-Wunder-Haus
Und in dem Wunder-Wunder-Haus
ist ein Wunder-Wunder-Zimmer
Und in dem Wunder-Wunder-Zimmer
steht ein Wunder-Wunder-Tisch
Und auf dem Wunder-Wunder-Tisch
liegt ein Wunder-Wunder-Buch
Und in dem Wunder-Wunder-Buch
steht geschrieben
Du, (Name), erzähl uns …
Du, …, bring uns etwas Rotes …
Du, …, sing uns dein Lieblingslied vor …

### Grips

Vor der Scheune steht der leere Heuwagen. Der Hahn kommt, fliegt hinauf und ruft: „Ich möchte fahren! Wer zieht mich?“ Verschiedene Tiere vom Bauernhof kommen paarweise: Kälber, Ziegen, Schafe, Katzen …, und schließlich der Stärkste, der Ochse. – Stellen Sie dar, wie die Tiere sich plagen: Aber der Wagen geht nicht weg. Geht nicht weg, bleibt am Fleck.
„Ja, mein Gewicht! Ihr schafft es nicht. Ich bin zu schwer. Da müssen noch zwei Stärkere her!“, ruft der Hahn jedes Mal.
Da kommt schon das nächste Paar. Reihen Sie alle Tiere auf: die Kälber ziehen den Wagen, die Ziegen ziehen die Kälber usw. Die Kinder machen die entsprechenden Tierstimmen dazu.
Schließlich geben die Tiere auf und gehen weg, da kommt Hans, der Sohn des Bauern. Er löst die Handbremse und der Wagen fährt in den Schuppen.
Schluss: Da steht er, der Ochse, und glotzt und macht: „Buuuh!“
Doch der Hans sagt: „Ein bisschen Grips gehört auch dazu!“ – Diesen letzten Satz rufen alle Kinder gemeinsam.
*(Nach: Guggenmoos: Grips, in: Brügel-Fritzen/Wittkamp: Bärenkinder, 1996, S. 88 f.)*

### Der Sonnenstrahl

Fridolin, der vorwitzige Sonnenstrahl, will nicht mehr bei seiner Mutter, der Sonne, bleiben. Es ist ihm zu langweilig, immer auf die Wiese zu scheinen, jeden einzelnen Grashalm treffen zu müssen und die Gänseblümchen, die ihn gerne auslachen, und den Löwenzahn, der schimpft, wenn Fridolin eine der Zacken seiner Blätter vergisst, und die Bienen, die es immer so eilig haben und nie mit ihm plaudern – warum nur? (Hier können verschiedene Tiere und Pflanzen, die auf einer Sommerwiese vorkommen, aneinander gereiht werden.)
Eines Morgens stiehlt sich Fridolin heimlich davon, zum Haus des Bauern Hagedorn. Was es da nicht alles gibt! Fridolin erreicht die Hausecke, arbeitet sich langsam zum Fensterbrett empor und sieht in die gute Stube (in die Küche, in den Stall etc.). Er berührt den Stuhl, eine Ecke des Tisches, den Kasten (die Kinder beschreiben, was Fridolin alles berührt). Auf einmal hört der kleine Sonnenstrahl, wie ihn seine Mutter ruft. So wandert er zurück (die einzelnen Dinge werden in umgekehrter Reihenfolge aufgezählt) – es ist ein weiter Weg. Erst am späten Nachmittag trifft er schwach leuchtend auf den Löwenzahn, färbt er das Gänseblümchen rötlich und als er die Grashalme begrüßt, ist er schon ganz erschöpft.
Schlussbemerkung: Die Bienen hat er nicht mehr angetroffen. Die sind inzwischen nach Hause geflogen!

## Am Morgen und am Abend

Thema: Am Morgen – schon vergangen, am Abend – wird sein

- Die Kindergärtnerin erzählt, was am Morgen vom Aufwachen bis zum Anziehen und Aus-dem-Haus-Gehen alles passiert. Für den Abend kehrt sie die Reihenfolge um, bis Max die Augen schließt.
- Max zieht sich an: an einem Winter-, einem Sommermorgen, bei windigem, bei regnerischem Wetter … Was wird er abends wieder ausziehen? Mit einfachen Bewegungen lassen sich die alltäglichen Handlungen nachmachen und dabei sprechen die Kinder laut mit. Achten Sie darauf, dass nicht mehr als acht Gegenstände aufgezählt werden, damit die Kinder die Reihenfolge behalten können.

### Ein Wortbeispiel

Wir setzen nicht nur Sätze aus Wörtern, sondern die Wörter aus „Phonemen" zusammen. Daher wird nicht das Wort „Holz" als Ganzes abgespeichert, sondern es wird in „h", „offenes o", „l" und einen scharfen „s-Laut" zerlegt. Aus diesen kleinsten Einheiten, sozusagen Atomen der Sprache, entsteht wieder „Holz", wenn wir beim Sprechen das Wort für „Holz" suchen. Auf dieselben Phoneme greifen wir aber auch in völlig anderen Zusammenhängen zurück: Durch den Einsatz von „st" lässt sich „stolz" bilden, wenn es etwa darum geht, ein positives Gefühl zu beschreiben.

### Von der Funktionsweise des Gehirns

Die traditionelle Sicht geht davon aus, dass es im Gehirn bestimmte Orte gibt, an denen ganze Szenen oder Objekte komplett gespeichert sind. Werden Gehirnregionen zerstört (Unfall, Krankheit), entzieht sich deren Inhalt dem weiteren Gebrauch. Die amerikanischen Wissenschaftler Anna und Antonio Damasio bezweifelten diese These. Sie behaupten: Was das Gehirn „behält", zerlegt es vorher in definierte Einzelteile. So entsteht ein komplexes, mehr oder weniger unverwechselbares Muster neuronaler Impulse. Dazwischen gibt es „Konvergenzzonen", sogenannte „Vermittlungsämter", die nichts anderes tun, als die Konvergenzzonen der nächstunteren Stufe zusammenzuschließen. Diese „merken" sich wiederum nur eine spezielle Kombination zur Weitergabe an die Konvergenzzonen an eine tiefere Ebene und so weiter. Am Ende sind Welt und Wirklichkeit in unzählige kleine Bausteine zerlegt, die – beim Erinnern – von Konvergenzzonen zu den gleichen Mustern zusammengeschaltet, „rekombiniert" werden. Das alles passiert natürlich gleichzeitig, egal welcher Sinn angesprochen wird. Je häufiger neuronale Verbindungen gebraucht werden, desto leichter „findet" das Gehirn die Muster wieder und desto leichter ist es fähig, auch neue herzustellen.

# Der Stein im Teich

**Der italienische Kinderbuchautor Gianni Rodari beschreibt den Prozess, Geschichten zu erfinden, mit einem äußerst einprägsamen Bild: Ein Kind wirft einen Stein in den Teich. Dieser Stein erzeugt konzentrische Wellen, die sich auf der Oberfläche ausbreiten und, je nach Entfernung, das Seerosenblatt, das Papierschiffchen und den Ölfilm unterschiedlich stark in Bewegung versetzen. Dinge, die, jedes für sich, friedlich vor sich hin träumten, werden zum Leben erweckt und gezwungen, aufeinander zu reagieren, zueinander in Beziehung zu treten. Der Stein streift Algen, verschreckt Fische, wühlt Schlamm auf oder stößt an Dinge, die am Grund ruhten, von denen einige jetzt freigelegt, andere wiederum vom Sand begraben werden.** *(Rodari: Phantasie, 1992, S. 10)*

„Ein Wort ist wie dieser Stein", meint Rodari, „es löst eine endlose Kettenreaktion aus." Töne und Bilder, aber auch Analogien und Erinnerungen, Bedeutungen und Träume: sie alle berühren die Erfahrung und das Gedächtnis, die Fantasie und das Unbewusste. Das Bewusstsein bleibt jedoch nicht passiv, sondern greift beständig ein, um aufzunehmen und zurückzuweisen, zu verknüpfen und zu zensieren, aufzubauen und zu zerstören. Deshalb genügt schon ein Wort, um eine ganze Geschichte zu erfinden.

**Nur ein Wort?**

Ja, aber … Welches?
Jedes.
Jedes?
Jedes Wort ist eine Geschichte wert.
Wie soll das gehen?
Am besten fragen Sie die Kinder!

## Die Seele im Wort

Dass Wörter groß oder klein, stark oder schwach, grün oder blau, leuchtend oder matt sein können, ist für kleine Kinder selbstverständlich: Sie geben Wörtern Eigenschaften, trennen das Wort nicht vom Gegenstand, personifizieren es. Das Wort „Wind“ hat Kraft, es ist schnell und kann sogar Bäume umwerfen. Das kleine Wort „ciao“ ist rosa, es ist ein freundliches Wort.
Kinder fragen gern danach, was der Kindergarten sagt, wenn sie ihn verlassen, und „warum das Buchregal das Buch nicht will“, wenn dieses herunterfällt. Bis zum Alter von acht Jahren beseelen sie Wörter und Gegenstände. Das heißt aber nicht, dass sie es nicht auch noch später genießen, weiter Geschichten darüber zu hören, wie das kleine rosa Wörtchen „ciao“ auf die Suche geht, um noch andere gute Wörter zu finden.
Diese Eigenheiten kindlichen Denkens entpuppen sich für jede Erzählerin, die sie zu nutzen versteht, als sehr wertvoll. Auf diese Weise können unzählige fantasievolle Geschichten erfunden werden.

# Ideenteil

## Wortgeschenk

Ein Kind geht aus dem Zimmer. Die anderen überlegen, welches Wort sie ihm schenken. Vielleicht ein Wort für einen Gegenstand, den sich das Kind schon lange wünscht? Das ausgewählte Kind wird wieder hereingerufen und das Wort wird ihm „geschenkt“. Das beschenkte Kind überlegt, wozu das Wort zu gebrauchen ist, was es damit machen kann, wo es dieses aufbewahren kann.

## Wörter im Kopf

Die Erzieherin forscht nach Wörtern und deren Bedeutung für die Kinder:

- Welche Wörter braucht ihr jeden Tag viele Male?
- Welche Wörter sagt ihr, wenn ihr jemanden begrüßt?
- Welche zärtlichen, lieben Wörter kennt ihr?
- Welche Wutwörter kennt ihr?
- Vor welchen Wörtern habt ihr Angst?
- Welches sind eure Lieblingswörter?
- Welche schnellen, langsamen, traurigen, fröhlichen, sanften, mutigen, bösen, klugen Wörter kennt ihr?

## Ein Wort im neuronalen Netz

Unser Gehirn ist so eingerichtet, dass ein einziges Wort völlig genügt, um vielfältige Assoziationen auszulösen – wenn man diese zulässt. So hat es ein „Stein“ ganz schön in sich, wenn er einmal in das Bewusstsein eintaucht: Er zieht Wörter nach sich, stößt mit ihnen zusammen oder weicht ihnen aus. Er tritt auf verschiedene Weise in Beziehung mit allen Wörtern, die mit „s“ beginnen, wie Saat, Senf, Sichel …; mit allen Wörtern, die mit „st“ beginnen, wie „Staffel“, „Stoffel“, „Stumpf“, „Strumpf“ …; mit all den Wörtern, die sich auf „ein“ reimen, wie „klein“, „Gestein“, „Gesangsverein“ …; mit all den Wörtern, die aufgrund ihrer Bedeutung in seiner

Nähe stehen: „Fels", „Granit", „Basalt", „Marmor", „Ziegel", …
*(Rodari: Phantasie, 1992, S. 14)*

Inzwischen aber kippt das Wort in eine andere Richtung, sinkt in eine vergangene Welt: Werkzeuge unserer Urahnen; in Stein gehauene römische Inschriften; Steinburgen … und auch in die persönlichen Kindheitserlebnisse der Erzählerin taucht es ein: Wie der Vater im Garten einen Rosenstrauch pflanzen wollte, jedoch ein Stein im Weg war; was sich hinter der geheimnisvollen Steinmauer im Garten verbarg; ein alter Kartoffelkeller aus Ziegeln, der voller Geheimnisse war, ein besonderer Wurfstein, der zwölfmal, wirklich zwölfmal übers Wasser hüpfte.
Eine Vielzahl von Geschichten verbirgt sich allein im Wissen und in der Erfahrung jedes Erwachsenen, egal ob es sich nun um historische Entwicklungen oder um persönliche Begebenheiten handelt. Man muss nur noch den Stein ins eigene Bewusstsein werfen.

> Es gibt kein einziges Wort, das man versteht, wenn man ihm auf den Grund geht.
>
> *Paul Valéry*

## Ideenteil

### Satzbastelei

Aus den fünf Buchstaben S-T-E-I-N lassen sich neue Sätze bilden, z. B.:

- Silberne Tiger erspähen Igor das Nilpferd.
- Seinerzeit trugen Echsen igelspitze Nasen.
- So Tage enden immer nachts.

Der Trick dabei ist, den erstbesten Satz festzuhalten, der einem einfällt. Natürlich muss man es öfter probieren, da nicht immer ein Funke überspringt. Doch wenn, dann hat eine Geschichte plötzlich ihren Anfang, vielleicht sogar schon einen Mittelteil oder das Ende.

## Das fantastische Binom

Wie man an den Assoziationen zu dem Wort „Stein" gut sehen kann, „handelt" das einzelne Wort oft erst, wenn es auf ein anderes stößt, das es provoziert und das es zwingt die gewohnten Gleise zu verlassen. So lassen sich viele neue Bedeutungsinhalte erschließen. Bei Kindern und ihrer Entwicklung des Denkens zeigt sich das besonders deutlich: Die Idee von „weich" entsteht nicht vor oder nach der Idee von „hart", sondern gleichzeitig. Mit diesem Wortpaar lässt sich sogleich Neues be-greifen, verstehen und letztlich gestalten.

> Das grundlegende Element des Denkens ist die binäre Struktur, nicht die einzelnen Elemente, aus denen diese sich zusammensetzt. Die Zweiheit, das Paar, geht dem einzelnen Element voraus.
>
> *Henry Wallon*

Möchte man ein „fantastisches Binom" für das Erfinden von Geschichten verwenden, sollte man darauf achten, dass es eine gewisse Distanz zwischen den beiden Wörtern gibt: Das eine muss dem anderen ausreichend fremd sein, damit die Vorstellungskraft gezwungen wird, sich in Bewegung zu setzen. So wird zwischen ihnen eine Verwandtschaft und eine Gesamtheit konstruiert, in der die beiden Elemente zusammenleben können.
Spiele, die die Kinder selbst die Wörter finden lassen, vereinfachen diese Verfremdung. Diese kleinen, vorbereitenden Rituale haben noch eine Bedeutung: Sie erzeugen Erwartung.

Wenn ein Kind das Wort „Katze" auswählt, so ist dieses Wort bereits ein besonderes Wort, dazu ausersehen, zu einer Überraschung beizutragen. Diese „Katze" ist dann keine x-beliebige, sie ist bereits eine abenteuerliche Gestalt. Sucht sich das zweite Kind das Wort „Kasten" aus, ohne vom

ersten Wort zu wissen, fangen viele Kinder zu lachen an. Eigentlich ist ein Kasten ein lebloser, alltäglicher Gegenstand, eine Banalität. Aber dieser Kasten, der mit der Katze ein Paar bildet, stellt etwas völlig anderes dar: eine Entdeckung, eine eigene Erfindung und den Ansporn, eine Geschichte zu gestalten.
Die Kinder entdecken ziemlich schnell all die Möglichkeiten, die es gibt, um die beiden Wörter zu kombinieren. Sie finden „die Katze mit dem Kasten" oder behaupten, es sei bestimmt „der Kasten der Katze"; sie setzen „die Katze auf den Kasten" oder suchen sie „im Kasten". Egal welche Kombination, jede birgt in sich eine Geschichte und die Kinder wissen das instinktiv. Sie nutzen diese Variante des Geschichtenfindens besonders gern.

## Ideenteil

### Wörter liegen am Weg

Auf einem Spaziergang bittet die Erzieherin die Kinder, genau hinzusehen und sich Wörter zu merken. Man kann sie in das „Notizbuch" im Kopf schreiben: Die Augen sehen die Dinge und merken sich deren Namen. Später schüttelt man den Kopf und die Wörter fallen aus dem „Notizbuch" heraus.

- Was hat jedes Kind gefunden?
- Wie viele und welche Wörter hat es sich gemerkt?
- Welche Geschichte lässt sich daraus machen?

Variante: Wörter im Raum suchen

### Die Geschichtenkiste

Material: Eine Kiste mit Dingen, die zu den Themen passen, die in letzter Zeit besprochen wurden, wird vorbereitet. Dazu kommt noch allerlei Kram: Basteleien, Perlen, Bänder, Papier, Stoffreste.

Über die Kiste wird ein Tuch gebreitet. Zwei Kinder dürfen ohne hineinzusehen je einen Gegenstand herausziehen. Sie zeigen diesen allen Kindern und benennen ihn.
Beispiel: Im Kindergarten wurden Berufe erklärt. Jetzt zieht das eine Kind ein zugeklebtes Kuvert heraus. Das andere holt ein goldenes Band hervor. Das erste Kind sagt nun „Brief", das andere „Sonnenstrahl", weil mit diesem Band letzte Woche eine Sonne gebastelt wurde. Zum Beispiel: „Der Briefträger reitet auf dem Sonnenstrahl ...". Sie können aber auch „Briefträger" und „Gold" kombinieren oder „weiß" und „Band".

### Ich seh, ich seh, was du nicht siehst

Dieses alte Spiel ermöglicht eine Reise in die Wörterwelt. Lassen Sie ein paar Kinder einen Gegenstand im Raum, im Garten oder in der Natur aussuchen und die anderen raten. Ein „fantastisches Binom" bilden dann zum Beispiel „Kastanie" und „Eichhörnchen", „Gras" und „Ball", „Tisch" und „Spielzeugauto".

### Der Trick mit der Tafel

Ein Kind schreibt auf die Vorderseite der Tafel ein Wort, das andere auf die Rückseite. Sind beide fertig, wird zuerst das Wort auf der Vorderseite laut gelesen. Dann wird die Tafel umgedreht und das andere Wort wird gelesen. Mit diesem „fantastischen Binom" kann nun weitergemacht werden.

## Varianten des Binoms

Verändern Sie die Komponenten des „Binoms", nicht aber seine Funktion, lassen sich ganz neue Wortpaare finden: So kann man Substantiv und Verb, Subjekt und Prädikat sowie Subjekt und Attribut verbinden. Das gelingt ganz leicht mit der Frage „Was wäre wenn ... die Stadt fliegen würde?" oder „... Wien vom Meer umgeben wäre?" oder „... die Maus Expertin für Hundehütten wäre?".

Schon eine Vorsilbe genügt: Wozu ist ein Entstaubsauger, ein Anti-schirm nütze? Was tut ein Trifant, ein Urhund oder ein Halbgespenst?
Eine andere Variante des „fantastischen Binoms" lässt sich finden, indem man den „schöpferischen Irrtum" einsetzt. Vielleicht hat sich ein Kind verhört, „die Hand der Butter" verstanden statt „die Hand der Mutter", oder ein Schulkind hat einen Rechtschreibfehler gemacht: Welche Abenteuer warten bloß auf den „Heidelbär", der in einer Schüssel voll Milch schwimmt?
Wie man sieht, können sogar Fehler inspirieren: Mit einer passenden Geschichte werden sprachliche Unterschiede schnell erklärt und im Gedächtnis verankert.

## Ideenteil

### Wo die Wörter wohnen

Ein Suchspiel:
Welche kleinen Wörter finden sich in größeren?

- „aus" in Haus und Jause und Maus und Laus
- „und" in Hund, im Grund und Schlüsselbund
- „ein" in Schwein und Mondschein
- „um" in Blume und der Krume
- „ach" im Bach, im Krach, im Lachen und in vielen anderen Sachen

### Rechtschreiben ist schwer

Auch aus Fehlern können Geschichten entstehen: statt der Robe eine Robbe, statt dem Gipfel ein Kipfel, statt der Mandel ein Mantel, statt der Bar ein Paar, statt der Theke eine Decke usw.

### Missverständnis

Die Kleinen lieben es, mit einfachen Missverständnissen konfrontiert zu werden. Gute Gelegenheit bieten noch nicht ausgefeilte Lautbildungen wie das „R". Die Kinder hören zwar den Unterschied, können das „R" aber noch nicht sprechen. Beispiel: Reis und Eis; Ritter und Gitter; Reise und leise.

Tipp:
Bauen Sie Ihre eigenen „Hörfehler" ein: Busen statt Besen; Gras statt Has'; Kanne statt Tanne usw.

## Der Stein und die Sinne

Doch neben all den Wörtern gibt es etwas, für das gibt es keine Wörter. Ein Wissen, das durch Handlung, durch die Nutzung der Sinne zu Stande kommt und auch erst dadurch sichtbar wird. Kinder wollen und müssen ihre Sinne erproben, Reize erfahren und sich einen neuen Zugang zu dem Gegenstand, dem Begriff schaffen.
In den Kindern stecken Fertigkeiten, die sie mit Worten nicht benennen können. Zu diesem Wissen bekommen sie erst einen sprachlichen Zugang, wenn Gefühl und Wissen durch das intuitive Spiel mit Geschichten verbunden werden. Mit Hilfe der Sinne dringt der „Stein" tiefer und tiefer ins Bewusstsein. Und schweigt nie still – der Stein, kein „lebloses" Wesen.
Der russische Erzähler Nikolai Lesskow wusste um diese Bedeutung der Steine und den Gebrauch der Sinne. Er schreibt in einer Erzählung einem Stein das Wissen über das Schicksal zu, macht einen Propheten aus ihm: Ein „Pyrop" zeigt durch sein Leuchten im Voraus, wie die Regentschaft von Alexander II. verlaufen wird. Dieses Wissen teilt er nur mit dem Steinmetz. „Ein grüner Morgen ist in ihm und ein blutiger Abend", sagt dieser. Keiner glaubt ihm, bis es zu spät ist. Ja tatsächlich – ein Stein kann etwas erzählen! Wenn man ihn lässt.
Ein Stein ist eben nicht nur ein Stein, man kann ihn auch befühlen, ihn hin und her drehen, ihn werfen, ihn nach seiner Geschichte befragen: Wie ist er in den Bach, auf den Weg oder in die Sandkiste gekommen; was hat er erlebt, seit er vom Fels gebrochen ist; warum fliegt er dorthin, wohin er fliegt; warum ist er so glatt, rau, schwarz, schmutzig? Wie riecht er? Kinder erinnern sich, was sie schon alles mit einem Stein erlebt haben, wie sich dieser anfühlt und welches Geheimnis er ihnen anvertraut hat. Über wertvolle Steine, Edelsteine, vom Schmuck der Mutter oder Oma, über selbst gesammelte Halbedelsteine vom letzten Urlaub wird gesprochen, während man kleine Steine in Reihen auflegt, sie zählt oder in Schüsselchen sammelt. Und über die Ritzen, Rillen, Kerben und ungewöhnlichen Muster wird gerätselt: Ist das nicht ein Gesicht, ein Abdruck von einem Blatt, eine Fliege?

## Ideenteil

### Steinsammlung

Bei einem Ausflug sucht jedes Kind einen besonders schönen Stein. Zurück im Kindergarten, in der Schule wird erzählt:

- Wo hast du den Stein gefunden?
- Wie ist er dorthin gekommen?
- Wie sieht der Stein aus?
- Was gefällt dir an dem Stein, den du gefunden hast?
- Was hat der Stein erlebt?

Tipp:
Für Schulkinder kann die Sagen- und Märchenwelt sehr ergiebig sein.

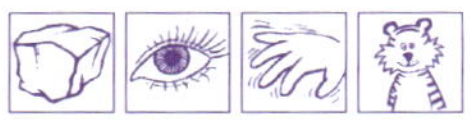

### Im Land der Steinbeißer

Mit den gesammelten Steinen wird eine Steinlandschaft mit Steinmännchen und -tieren aufgebaut. Die Kinder und auch die Erzieherin denken sich dazu Geschichten aus.

- Was gibt es Interessantes in dieser Landschaft?
- Wie wurden der Frosch, die Kuh, der Marienkäfer … zu Stein?
- Kann man die verwandelten Steine erlösen?
- Was gibt es über die Steinbeißer (= die Männchen aus Stein) zu berichten?
- Was erleben die Steinbeißer?

### Der Wunderstein Marius

Einige Steine werden in mit Wasser gefüllte Gläser gelegt und die Gläser werden ins Licht gestellt.
Nun kann gemeinsam beobachtet werden, wie sich die Steine verändern. Die Kinder sollen mög-

lichst fantasievolle Wörter dafür finden. Zwei davon genügen bereits, um eine lustige, traurige oder schaurige Geschichte über den Wunderstein Marius zu erfinden:

- Marius, den der Wassermann verloren hat und der seinen Weg nach Hause sucht ...
- Marius, der beim bösen Zauberer Hinkinkel Dienst tun muss und verhindert, dass aus Stein Gold wird ...
- Marius, der Kluge, der leuchtet und Mut macht, wenn man Angst hat, trifft auf Hannibal, den Angsthasen ...
- Marius, den alle mit einem Kiesel verwechseln und der doch unter Wasser so schön ist ... (Variation vom „hässlichen Entlein")
- Marius, dessen Leuchten alle Tiere im Wasser vergessen lässt, dass es Nacht ist ...

Der Psychologe Jean Piaget behauptete, dass Kinder bis zu sechs Jahren prinzipiell nicht in der Lage seien, mehrere Informationen miteinander zu verknüpfen. Außerdem würden sie oft unwesentliche Details ins Zentrum setzen. So kämen sie in ihrem Urteil über die Welt zu falschen Schlüssen. Diese Defizite, so Piaget, könnten auch nicht durch Unterricht aufgehoben werden, da die entsprechende Entwicklungsphase eben noch nicht erreicht sei.
In den letzten Jahren nimmt die Kritik an Jean Piaget und seiner Vorstellung, wie Kinder sich auf kognitiver Ebene entwickeln, zu. Friedrich Wilkening fand eine andere Erklärung für die „Fehlurteile". Kinder seien durchaus fähig, mehrere Faktoren zu kombinieren, meint er, doch sie wenden falsche Regeln an. Der deutsche Psychologe verifizierte seine These mit Hilfe von Methoden, die Kindern mehr entsprachen als jene von Piaget. Er konnte feststellen: Kinder besitzen viele Fertigkeiten – z. B. Zeit und Entfernung abschätzen oder Größen zuordnen – in einem früheren Alter, als Piaget ihnen zugetraut hatte. Doch sie vermögen sich diese Fähigkeiten selten bewusst zu machen, sie wenden sie instinktiv an.

(Vgl.: Mechsner: Kinderspiel, in: Intelligenz + Bewußtsein, Geo Wissen, 1994, S. 45–51)

# Vom Dialog

**Kennen Sie Gigi Fremdenführer? Jenen jungen Mann, der den ihm anvertrauten Touristen das Blaue vom Himmel herunter lügt? Der im kleinen Amphitheater der Stadt jedes Mal über sich selbst hinauswächst? Der so begeistert erzählt, dass zwei amerikanische Damen vor Schreck davonlaufen, weil sie denken, seine Geschichte sei wahrhaftig passiert? – Gigi ist das Paradebeispiel eines Erzählers.**

Wie die Märchen- und Geschichtenerzähler im fernen Bagdad, die auf staubigen Plätzen sitzen und die Kinder um sich scharen. Wie die kluge Schehrezâd, die den König mit ihren Erzählungen Nacht für Nacht sein Selbstmitleid vergessen lässt. Wie der chinesische Abt, der in die Tiefen der Seele seiner Schüler vordringt. Und: Wie in unseren Breitengraden die Großmutter, die am Spinnrad sitzt und erzählt. Sie alle sind Archetypen des Erzählers und Gigi ist der Jüngste von ihnen.

Gigi führt die Touristen durch die Stadt, spürt ihrer Gemütslage nach und erzählt, was sie hören wollen. Er hält sich nicht immer an die äußere Wahrheit, dafür umso mehr an die der Geschichte eigene Wahrscheinlichkeit. Manchmal kommt es vor, dass ihm nichts Rechtes einfällt. Dann wiederholt er, er stiehlt ganze Passagen aus irgendeinem Film oder er schmückt eine Zeitungsgeschichte aus. Seine Erzählungen gehen eben manchmal „zu Fuß", wie Michael Ende, sein Schöpfer, es ausdrückt. – Doch dann kommt Momo und mit Momo ist alles anders. Plötzlich bekommen Gigis Geschichten Flügel.

Michael Ende lässt seinen Gigi erfahren, was jedem Menschen, der erzählt, bald zur Selbstverständlichkeit wird: Das Gegenüber bestimmt mit, wie die Geschichte sich entwickelt.

Erzählen ist ein Wechselspiel, ein Geben und Nehmen, an dem alle beteiligt sind. Die einen hören zu, die anderen erzählen. Das sind die Rollen, die es zu verteilen gilt. Jedes Mal neu. Nur eines ist immer gleich: Erzähler führen keinen Monolog. Ihre Geschichten sind das Ergebnis eines Dialogs, selbst wenn die Zuhörer schweigen.

## Erzählrollen

Soll der Dialog beide Seiten befriedigen, muss die Erzählerin, der Erzähler aktiv sein. Die erzählende Person ist die treibende Kraft, sie gestaltet das Verhältnis zwischen sich und den Zuhörern – bewusst oder unbewusst. Meist jedoch passiert das Erzählen einfach, ohne über die Erzählrollen nachzudenken. Und das ist schade, denn es stehen mehrere Variationsmöglichkeiten zur Verfügung: Man kann die Zuhörer ins Vertrauen ziehen, sie somit eng an sich binden, sie direkt, sogar suggestiv ansprechen. Man kann diese aber auch frei ihre eigenen Wege in der Erzählung beschreiten und die Handlung miterzählen lassen. Erzählrollen helfen dabei, ein einmal gefasstes Vorhaben auszuführen. Ändert man den Zweck der Geschichte, braucht man sich nur eine andere Erzählrolle überzustreifen.
Wie das funktioniert, zeigen uns schon die Zwei- bis Dreijährigen: Sie spielen Kätzchen oder Tiger, Mama oder Kind und entwickeln ihre Geschichten aus der Perspektive ihrer jeweiligen Rolle heraus. Sie beherrschen es, ihre Betreuerinnen in ihr Spiel hineinzuziehen: „Du sollst … sagen!" Sie fordern ihre Zuhörer auf, dazu etwas beizutragen, und haben gleichzeitig eine genaue Vorstellung davon, was sie hören möchten.

### Direkte Einbindung: Der Erzähler aus dem fernen Bagdad

Ein alter Mann mit weißem Bart und glänzenden Augen, in zerschlissenem Burnus und mit einem Turban auf den Kopf schleppt sich durch die spätnachmittägliche Hitze, auf der Suche nach einem schattigen Platz; er wartet darauf, dass die Sonne langsam untergeht. Er singt, wieder und wieder: „Wollt ihr sie hören, ja wollt ihr, wollt ihr sie hören …" Die Kinder laufen herbei, angelockt von der Litanei. Der Mann kommt von weit her, er ist ein Wanderer, ein Reisender. Er weiß von fremden Ländern, fremden Orten, fremden Menschen. Als die Sonne sich langsam rötet, sitzt der Mann am Dorfplatz. Um ihn herum haben sich die Kinder des Dorfes, aber auch einige Frauen und Männer versammelt. Sie alle sind gekommen, um ihn zu hören, den Sänger, den Geschichtenerzähler:
„Yah Allah, meine Brüder, kommt und hört, wisst und seht, was unser ist und ich euch gebe. Seht ihr in meinen leeren Händen goldene Äpfel, seht ihr sie? Achtet auf, ich werfe sie euch zu: dir einen, dir dort ganz hinten einen, dir, so verborgen im Winkel einen, und diesen noch und den letzten auch. Haltet sie, derweil ich euch berichte von vielem, das geschah, vielleicht geschah, vielleicht gehört ward, vielleicht nur gesehen – wer kann das sagen?"
*(Zitiert nach: Oehlmann, Christel: Garantiert erzählen lernen, Rowohlt, Reinbek 1995, S. 124)*

Mit diesen Worten stellt der alte Geschichtenerzähler sofort eine Beziehung zu den Zuhörern her und er ist dabei sehr direkt. Er lässt seinem Publikum gar keine Zeit, sich irgendwelche Gedanken zu machen, die nichts mit seiner Geschichte zu tun haben. Sie müssen mitarbeiten, er zwingt sie dazu. Gleichzeitig aber gibt er ihnen die Möglichkeit, sich zu identifizieren. Die Zuhörer machen mit, die Geschichte erwacht zum Leben, sie muntert auf nach diesem mühevollen Tag.

**Umsetzung**:
In den Alltag von Kindergarten und Schule lässt sich diese Erzählpraxis einfach übertragen: Kinder beteiligen sich sofort, wenn sie direkt angesprochen werden.

- „Dorothea, wohin ist das kleine Kätzchen gelaufen?"
- „David, was hast du gemacht, als dir das passierte?"
- „Karina, wie geht es weiter?"
- „Melanie, was hättest du gemacht?"
- „Dominik, was jetzt?"

Es gibt einen unerschöpflichen Vorrat an Fragen, die die Kinder ermuntern sich Gedanken zu machen, ihre Fantasie einzusetzen, zu erzählen. Je selbstverständlicher diese Fragen von der Erzählerin eingesetzt werden, desto spontaner werden die Antworten sein.
Geschickt platzierte Pausen geben den Kindern Gelegenheit, „zu Wort" zu kommen. Dabei können neue Ideen gesammelt werden. Zudem gibt es Impulse von den Kindern, wie man die Geschichte weiterspinnen könnte. Ganz unter dem Motto: „Yah, Allah, Brüder und Schwestern. Kommt und erzählt! Die Nacht ist kurz. Erzählt von der Morgenröte, dem Tau und allem, das in eurem Herzen wohnt. Wir wollen gemeinsam den neuen Tag besingen. Yah, Allah, so sind wir nicht allein."

Tipp:
Nicht jedes Kind kann auf dieses Angebot reagieren: Manche haben Angst vor dem Wort, anderen fällt nichts ein und die Schüchternen heben verzagt die Schultern. Diesen „geschichtenlosen" Kindern hilft man, indem man sie auffordert, der erzählenden Person wirkliche oder imaginäre Gegenstände hinzulegen, z. B. eine Taschenlampe, die den dunklen Kellergang erhellt. Gegenstände verändern den Lauf der Geschichte, wie es auch Wörter tun.

**Merkmale der direkten Einbindung:**

- Stellen Sie zu Beginn klar, dass von den Zuhörern Mitarbeit gefordert wird.
- Erzählen Sie aktiv und lebhaft.
- Stellen Sie Fragen.
- Lassen Sie Kindererzählungen als neues, bereicherndes Element zu.
- Verwenden Sie aktive, handlungsbezogene Verben.
- Reagieren Sie auf Vorschläge und bauen Sie sie ein.

## Ideenteil

### Rundum und rundherum

„Rundumgeschichten" eignen sich besonders gut dazu, über ein Thema nachzudenken. Sie funktionieren als eine Art „Brainstorming".
Zunächst werden die Bedingungen festgelegt: Thema und Umfang jedes Beitrags und Verhaltensregeln. Die Kinder setzen sich oder stellen sich im Kreis auf. Die Kindergärtnerin oder die Lehrerin wendet sich an ein Kind und beginnt mit dem ersten Beitrag. Ein Kind nach dem anderen setzt die Geschichte fort, bis sich der Kreis schließt.

- Es sollte immer nur das Kind, das gerade an der Reihe ist, erzählen.
- Das Kind, das als Nächstes an die Reihe kommt, kann nachfragen oder die Passage wiederholen. Die Kindergärtnerin oder die Lehrerin greift nur ein, falls es Verständnisschwierigkeiten gibt.
- Kein Kind darf gedrängt werden, wenn es nichts sagen möchte. Es darf sich nicht ausgefragt

fühlen. Es ist seine eigene Entscheidung, was und wie viel es erzählen möchte.

**Variationen:**

- Jeder Beitrag wird mit einem gemeinsamen „und dann“ begrüßt. Lautstärke und Intensität können vom vorhergehenden Beitrag abhängig gemacht werden.
- Alle fragen „Warum?“. Das nächste Kind findet darauf eine Antwort. Am Ende dieses Fragespiels stehen eine Geschichte voller Antworten und viele Ideen für neue Geschichten.
- Ein kleiner Ball fliegt durch den Raum. Das Requisit wandert kreuz und quer durch die Runde. Wer den Ball hat, darf erzählen. Achten Sie darauf, dass jedes Kind einmal den Ball bekommt.

> Es gibt keine perfekte Art,
> den Erzählkreis zu leiten.
>
> Hedi Friedrich, Autorin

**Grundregeln:**

- Jedes Kind erhält Anerkennung für seinen Beitrag.
- Aufmerksames Zuhören ist genauso wichtig wie ein eigener Beitrag und wird entsprechend anerkannt.

**Spielregeln:**

- Jedes Kind kommt an die Reihe.
- Jedes Kind hört jedem zu ohne zu unterbrechen und achtet die Gefühle des anderen.
- Jedes Kind bleibt bis zum Ende der Geschichte an seinem Platz.
- Abfällige Bemerkungen, Spott oder Auslachen wird nicht akzeptiert.
- Wenn ein Kind einen Einfall hat, kann es ihn allen mitteilen.

## Koffergeschichten

Diese Übung kann einen längeren Zeitraum in Anspruch nehmen. Die einzelnen Vorbereitungsarbeiten und die Geschichten selbst können eine Gruppe oder Klasse über mehrere „Erzähleinheiten“ hinweg beschäftigen.

Für eine „Reise-Koffergeschichte“ bastelt man zunächst ein Kofferbuch:

Ein DIN-A4-Blatt wird in der Mitte gefaltet und außen so bemalt, dass es wie ein Koffer oder wie eine Reisetasche aussieht. Nicht vergessen, einen Griff anzukleben!

In das aufklappbare Innere werden die Wörter geschrieben bzw. die Begriffe gemalt, die in der Geschichte mitspielen.

- Was packen wir für die Reise ein?
- Was ist das Reiseziel?
- Wie kommen wir dorthin?
- Ist der Weg umständlich oder geradlinig?
- Wen treffen wir? Reisebegegnungen sonderbarer Art sind immer möglich.
- Womit reisen wir? Auf einem Lichtstrahl, dem Zeiger der Wanduhr, dem Stuhl, der wie ein Fahrstuhl fährt, auf einem fliegenden Teppich, einem Huckepack, einer Feder, durch ein Bild an der Wand …
- Wie kommen wir wieder heim? Vielleicht mit neuen Geschichten von unterwegs, die man mit den anderen teilt, indem man sie weitererzählt …

*(Nach: Kohl: Wörterschrank, in: Kindergarten 11/97, S. 7)*

## Wörterspiel

Zwei kleine Schachteln werden mit Wortvorräten (gemalten Begriffen im Kindergarten) gefüllt:
Schachtel A: Wetterwörter wie „Regen“, „Nebel“, „Wind“, „Blitz“, „Sturm“, „Hagel“, „Eis“, „Schnee“.
Schachtel B: Landschaftswörter wie „Berg“, „See“, „Hügel“, „Bucht“, „Tal“, „Insel“, „Wald“, „Küste“.
Zusammengesetzt entstehen so poetische Begriffe wie „Nebelinsel“, „Windberg“ usw.

### Wasserreise

Der einleitende Spruch zu dieser Geschichte:

„Alle Kinder, leise, leise,
machen eine Wasserreise"

Danach wird überlegt:

- Sind wir Regentropfen, Eis, Holz, Fische, Muscheln, Matrosen, Schiffe, Kapitäne, Eskimos?
- Wo reisen wir? Im Bach, auf einem See, im Meer, in der Regentonne, in der Dachrinne, auf der Straße nach einem Gewitter?
- Welchen Weg nehmen wir? Von der Quelle zur Mündung, über einen Wasserfall oder ein Mühlrad, durch eine Brücke?
- Wem begegnen wir? Der Robbe, einem Seestern, Wasserschnecken, Seerosen, Schleppern?
- Wann reisen wir? Im Frühling, Sommer, Herbst, Winter, morgens, abends?

### Farbe ins Leben

Eine Kramkiste mit bunten Bändern, Wolle oder Papier wird bereitgestellt.
Die Kinder beeinflussen die „Farbe" der Erzählung: Sie reichen der Kindergärtnerin oder der Lehrerin eines der Bänder, wenn sie die Stimmung in der Geschichte verändern wollen: Durch ein rosa-grünes Band wird es frühlingshaft (blühende Bäume), durch Buntkariertes wird es lustig, kirschrote Fäden machen's spannend …

**Variante**:
Heute malen wir den Himmel bunt. Wie wirkt sich das auf unsere Stimmung aus?

### Kuno Gespensterboss

Wieder wird eine Kramkiste bereitgestellt. Die Gegenstände in der Kiste – die man auch blind ertasten lassen kann – sind die Stichwortgeber.
Um Mitternacht treibt Kuno sein Unwesen im Schloss: Er zupft die Maus am Barthaar, scheppert mit der Ritterrüstung, bläst das Licht aus … Am Schluss kommt das goldene Bändchen, der Sonnenaufgang.

### Direkte Einbindung: Gleichnisse eines chinesischen Abtes

Eine andere Form, die Zuhörer direkt einzubeziehen, nutzt der chinesische Abt. In seinem Kloster gibt es einen Schüler, dem ein weiter Weg bevorsteht. Um ihn auf seine Reise vorzubereiten, erzählt der Abt viele Gleichnisse. Der Schüler schließt dabei die Augen und gibt sich den Erzählungen hin.

Der Abt ist ein sehr alter Mann, ein erfahrener, weiser Kämpfer. Er ist blind, kann nur mit Hilfe eines Stockes gehen und wirkt sehr gebrechlich. Doch so schwach sein Körper auch sein mag, so rege ist sein Geist: Kaum beschäftigt seinen Schüler etwas, erzählt der Abt schon, langsam und mit vielen Pausen … meditativ.

Dieser Erzähler bezieht seinen Zuhörer, obzwar auch direkt, so doch auf eine völlig andere Art in seine Geschichten ein als der Erzähler aus Bagdad. Er betrachtet die Welt aus einem so weiten Blickwinkel, wie irgend möglich. So fordert er in den Gleichnissen seinen Schüler auf, das Erzählte nach eigenen Vorstellungen auszugestalten, sich eigene Bilder zu machen. Er zwingt ihn das innere Erzählen selbst zu übernehmen, sich das Gleichnis immer mehr anzueignen. Nur so, ist der Erzähler überzeugt, wird sein Schüler „erfahren", das heißt die Wahrheit hinter dem Sichtbaren erkennen. – Dass dieser erst Jahre später begreift, worum es „dem Meister" letztendlich ging, zeigt nur, dass wir nicht für die Schule, sondern für das Leben lernen!
Das Lehrer-Schüler-Verhältnis wird durch die Anweisungen des Abtes besonders deutlich – ein Verhältnis, das auch die Fantasiereisen charakterisiert: „Du siehst einen Baum, wie du ihn dir immer ersehnt hast", sagt der Abt. Der Schüler entscheidet, wie dieser Baum aussieht. Geht die Reise „über Stufen", bestimmt er selbst, ob diese in die Höhe oder in die Tiefe führen.
Der chinesische Abt wäre heute „Meister der Fantasiereisen". Kennzeichen für seine offene Erzählweise sind die „unspezifischen" Wörter. Sie geben den Sachverhalt nur allgemein und ungefähr wieder, sodass der Schüler die Geschichte mit seinen eigenen Vorstellungen ausgestalten muss. Unspezifische Verben sind z. B. „gehen", „sehen", „erleben", „reden" statt der spezifischen Verben wie „schleichen", „starren", „zittern", „brabbeln". Unspezifische Adjektive sind „nett", „groß", „klein" im Gegensatz zu „herzlich", „riesig", „zart". Unspezifische Substantive sind „Wald", „Blume", „Haus".

**Umsetzung**:
So wie der Abt darf die Kindergärtnerin oder die Lehrerin, die mit ihren Kindern in der Fantasie reist, nur den Rahmen anbieten. Am besten ist, sie formuliert nichts aus, macht viele Pausen und spricht sehr langsam. So gibt sie den kleinen Zuhörern genügend Zeit, sich das für sie passende Bild vorzustellen, sich die persönliche Geschichte auszudenken. Komplizierte Satzkonstruktionen haben dabei nichts verloren, auch nicht bei größeren Kindern: Es genügt, wenn die Erzählerin in klaren Subjekt-Prädikat-Objekt-Sätzen eine Begebenheit nach der anderen aufreiht. Alles weitere liegt in der Fantasie der kleinen Zuhörer, vorausgesetzt es betrifft Themen, die sie sich auch wirklich vorstellen können.

**Merkmale der Fantasiereisen:**

- Schaffen Sie eine ruhige und warme Atmosphäre.
- Die Kinder sollen eine bequeme Körperhaltung einnehmen.
- Die Kinder können die Augen schließen.
- Formulieren Sie so allgemein wie möglich.
- Sprechen Sie leise und langsam, mit ruhiger Stimme.
- Machen Sie viele Pausen, damit Kinder die Gedanken nachvollziehen können.
- Formulieren Sie einfache Sätze.
- Verwenden Sie unspezifisches Vokabular.
- Führen Sie die Kinder am Schluss behutsam wieder in den Raum zurück.
- Lassen Sie die Kinder spontan erzählen, was sie „erlebt" haben.

## Ideenteil

Grundfragen, die es vor der **Fantasiereise** zu beantworten gilt:

- Wo geht die Reise los?
- Was wird eingepackt?
- Wie wird gereist?
- Was passiert unterwegs?
- Wo ist unser Ziel?
- Wie sieht es dort aus?

### Mäuse fangen

Die Kindergärtnerin, die Lehrerin erzählt:
„Wir stellen uns vor, dass irgendwo im Zimmer eine kleine Maus ist.
Wo wollt ihr sie haben?
Lasst sie sich aufrichten und euch zuwinken.
Nun soll sie grün werden. Verändert ihre Farbe wieder.
Noch einmal.
Lasst sie auf ihren Vorderpfoten stehen.
Lasst sie über die Wand laufen.
Lasst sie mit dem Kopf nach unten an der Decke sitzen.
Dreht sie nach rechts und setzt sie in diese Ecke dort.
Habt ihr sie am Platz?
Malt sie gelb.
Lasst sie ‚Guten Tag!' sagen.
Lasst sie ‚Wie geht es dir?' sagen.
Lasst sie versprechen, dass sie in ihrer Ecke bleiben und sich die Geschichte anhören wird."

*(Mark Zengaffinen, Petra: Das Haus der Stille. Stilleübungen und Fantasiereisen mit Kindern. Patmos, Düsseldorf 1998, S. 32)*

Tipp:
Diese Übung ist besonders für Kindergartenkinder geeignet oder für Schulkinder, die Schwierigkeiten mit den meditativen Reisen haben.

### Vogelflug

Material: Eine Schachtel, in der für jedes Kind eine Feder liegt.
Vorbereitung für die meditative Reise:
Ein Kind darf die Schachtel öffnen, nimmt eine Feder heraus, zeigt sie den anderen. Danach darf sich jedes Kind eine Feder nehmen. Zunächst soll die Feder sinnlich erfahren werden, danach geht's auf die Reise.
Die Lehrerin spricht:
„Streicht ganz sanft mit der Feder über eure einzelnen Finger, über die ganze Hand." – Pause
„Über das Gesicht." – Pause
„Schließt dabei die Augen." – Pause
„Nun streicht über die Arme …" – Pause
„… und über die Beine." – Pause
„Betrachtet und befühlt die Feder ein letztes Mal …" – Pause
„… legt sie zur Seite." – Pause
„Hört eurem Atem zu … einatmen … ausatmen …" – Längere Pause

Es folgt nun die „Reise":

„Wir machen uns auf den Weg … Wir verlassen dieses Zimmer …"
Langsam!
„… kommen in eine schöne Landschaft, gehen durch einen Wald." – Pause
„Auf einer Wiese mit vielen Blumen machen wir Halt.
Da entdecken wir mitten auf der Wiese einen großen Vogel. Wir stellen ihn uns vor.
Er schaut uns freundlich an.
Wir betrachten den Vogel.
Welche Farbe hat sein Federkleid?
Ist sein Schnabel groß oder klein?
Sind seine Augen lustig?" – Pause
„Wir gehen zu ihm hin und streicheln ihn." – Pause
„Er sagt seinen Namen. Wie ist seine Stimme? Laut oder leise? Fröhlich oder traurig?" – Pause
„Er fragt: ‚Willst du mit mir kommen?' –

Du steigst auf seinen Rücken.
Der Vogel hebt ab.
Du schaust hinunter, die Lichtung wird kleiner und kleiner.
Du spürst den Wind in den Haaren und bist leicht, ganz leicht. Der Vogel fliegt ganz ruhig …"
Nun fliegen die Kinder auf dem Rücken des Vogels, wohin immer sie möchten.
Nach einer langen, tollen Reise fliegt der Vogel plötzlich tiefer und tiefer. Er landet wieder auf der Lichtung …
„Ich zähle jetzt langsam bis drei, dann ist jeder von uns wieder auf seinem Platz in diesem Zimmer und öffnet die Augen …Wir fühlen uns wohl, sind wach und erinnern uns an alles, was wir eben erlebt haben. – Eins, zwei, drei …" (ganz langsam zählen).

Nach der Reise wird das Erlebte besprochen. Das Kind, das die Schachtel geöffnet hat, sammelt die Federn wieder ein, schließt die Schachtel und stellt sie wieder zurück.

Tipp:
Die Schachtel kann auch besonders verziert und nur für Fantasiereisen eingesetzt werden. In ihr ist jedes Mal etwas anderes aufbewahrt: Perlen, Rindenstücke, Blätter, Steine, Glasmurmeln, Schneckenhäuser …

## Baum

Die Kindergärtnerin, die Lehrerin erzählt – auch hier sind an passenden Stellen Pausen einzufügen:
„Stellt euch vor, ihr geht durch einen Wald.
Die Vögel zwitschern, Sonnenstrahlen scheinen warm und hell durch die Baumkronen. Der Wind bewegt die Blätter. –
Bleib nun vor einem Baum stehen. Verwandle dich in diesen Baum …
Du bist nun dieser Baum … was bist du für ein Baum? Hast du viele Blätter? Bist du ein kleiner Baum? Oder ein ganz großer? Stehst du allein oder stehen noch andere Bäume um dich herum? Sind deine Zweige dünn oder dick? Wie fühlt sich dein Stamm an? Rau oder glatt? Wie dick ist der Stamm? Schau jetzt deine Wurzeln an. Wie weit reichen sie in den Boden hinein? Kannst du es fühlen? Wie stark sind deine Wurzeln? Wohnen Tiere in dir?
Sieh dich nun in deiner Umgebung um … was gibt es da? Blumen, Tiere, Moos, Farn, Pilze …"
Diese Meditation kann mit folgenden Worten abgeschlossen werden:
„Komm wieder zurück, öffne langsam deine Augen. Strecke und bewege dich …"

Tipp:
Suggestive Fragen erleichtern es den ganz Kleinen, sich Genaueres vorzustellen.

### Indirekte Einbindung: Schehrezâd erzählt

„Und die jüngere Schwester sprach zu Schehrezâd: ‚Ich bitte dich bei Allah, o Schwester, erzähle uns eine Geschichte, durch die wir uns die wachen Stunden dieser Nacht verkürzen können!' Jene erwiderte: ‚Mit größter Freude, wenn der vieledle König es mir erlaubt!' Wie der König, der auch schlaflos war, diese ihre Worte vernahm, freute er sich der Aussicht, eine Geschichte zu hören, und gab ihr die Erlaubnis."
*(Aus: Die Erzählungen aus Tausendundein Nächten Bd. I/1, S. 32)*

So erzählt Schehrezâd – und wie sie erzählt! Immerhin geht es um ihr Leben, um das ihrer Schwester und aller anderen jungen Frauen im Land dieses Königs aus dem Geschlecht der Sassaniden. Sie muss diesen sein Selbstmitleid vergessen lassen, das ihn so grausam macht. Der König darf nicht eine Sekunde lang darüber nachdenken, dass die Erzählerin aufs Schafott gehört, weil er sie entjungfert hat. Er soll keine Gelegenheit bekommen, seinen Dienern den gefürchteten Wink zu geben, damit diese sie abführen. Der König muss gebannt sein, die ganze Nacht, und die nächste und die nächste ... bis er von Schehrezâds Treue überzeugt ist.
Die älteste Tochter des Wesirs hat nicht viel, das ihr hilft, dieses ferne Ziel zu erreichen: ihre Stimme, ihre Hände, ihre Gesichtszüge und die seltenen Stichworte ihrer Schwester. Doch sie schafft es, ihren Gemahl 1001 Nächte lang zu unterhalten – dann gibt der König auf, sie und alle Frauen dürfen weiterleben.
Diese Erzählerin schöpft aus einer besonderen Quelle: Schehrezâd hat „alle Bücher gelesen, die Annalen und die Lebensbeschreibungen der früheren Könige und die Erzählungen von vergangenen Völkern; ja, es wird erzählt, sie habe tausend Bücher gesammelt, Geschichtsbücher, die von den entschwundenen Völkern und von den einstigen Königen handelten und auch Dichterwerke."
*(Nach: Die Erzählungen aus Tausendundein Nächten Bd.I/1, S. 26)*

Doch außergewöhnliche Bildung genügt nicht – sie muss diese noch durch ihre Lebenserfahrung und ihr Mitfühlen verfeinern. Denn Schehrezâd erzählt dramatisch: Sie singt und rezitiert Verse, lässt ihre Heldinnen und Helden in direkter Rede sprechen. Manchmal springt sie sogar auf, ihre Gesichtszüge verändern sich, ihre Gesten unterstreichen das Gesagte. Sie spielt, was sie erzählt. Ihre Geschichten füllt sie mit Leben, indem sie ihren Körper, ihren Geist, ihre ganze Person jedes Mal nur in jenen einen Dienst stellt: diese ganz bestimmte Geschichte „wahrhaftig" zu erzählen. Nur so bekommt sie die volle Aufmerksamkeit, zieht sie ihre Zuhörer in Bann.

**Umsetzung:**
Für „normale" Menschen, die nicht mit einer solch außergewöhnlichen Gabe gesegnet sind, erscheint das Unterfangen, dramatisch zu erzählen, auf den ersten Blick undurchführbar. Es braucht tatsächlich eine etwas gründlichere Vorbereitung. An der Darstellung von selbst Erlebtem können Kindergärtnerinnen und Grundschullehrerinnen das dramatische Erzählen besonders gut üben: Daran erinnert man sich, kann die Gefühle wieder heraufbeschwören, die einen damals bewegten. Auf diese Weise lassen sich (auto)biografische Geschichten gut dramatisch umsetzen.
Geübtere Erzählerinnen werden mit der Zeit beginnen, nachzuempfinden, was den Heldinnen und Helden zustößt und was diese dabei fühlen. Sie können Bilder in ihrem Inneren entstehen lassen und sie mitteilen – mimisch, stimmlich und mit ausdrucksstarken Gesten. Die kleinen Zuhörer werden den Erzählungen folgen, egal wohin sie führen. Zunächst wollen sie über die Geschichte nicht nachdenken oder sie in Frage stellen. – Vielleicht setzen sie sich später einmal mit dem Erzählstoff auseinander, aber das wird noch eine ganze Weile dauern. Vorerst ist die nächste Wendung, der Weg, der zu einem guten Ende führt, viel interessanter.

**Merkmale des dramatischen Erzählens:**
- Ihre Schilderung sollte reich an Bildern sein.
- Verwenden Sie spezifisches Vokabular.
- Sprechen Sie in der direkten Rede.
- Arbeiten Sie mit ausdrucksstarker Mimik und Gestik.
- Schauspielern Sie!

## Ideenteil

### Geisterstunde

Die Kindergärtnerin, die Lehrerin erzählt:
Alle Dinge um euch herum werden plötzlich lebendig.
Was meint ihr, was da alles passiert? Das Spielzeug fängt an, miteinander zu spielen! Was macht der Teddy? Was macht der Bagger? Was machen die Bauklötze?

### Hokuspokus

Material: ein Stock zum Zaubern, ein Zauberhut
Die Kinder sitzen beisammen. Eines spielt eine Fee, eine Hexe oder einen Zauberer. Mit einem Zauberspruch verwandelt es sich selbst oder die anderen Kinder:

*„Hokus pokus zaubernokus*
*Hexenfuß und Krötenbein*
*ich werde jetzt ein … sein*
*ihr alle sollt jetzt … sein"*

Natürlich darf nicht vergessen werden, die Verzauberten in ihre richtige Gestalt zurückzuverwandeln.

Tipp:
Jedes Kind muss Gelegenheit haben, einmal „die Fee" zu sein. Alle Kinder sollten mitspielen; niemand sollte unterbrechen oder korrigieren.

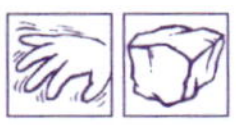

### Tante Maria aus Fantasia

Eine Kramkiste mit diversen Dingen wird vorbereitet. Eine kleine Kerze wird angezündet. Während sich die Kinder im Kreis um die Kerze setzen, sucht die „Tante Maria" mehrere Gegenstände aus der Kramkiste. Die anderen dürfen diese Gegenstände nicht sehen.
Das Zimmer ist dunkel. Nur ein kleines Licht brennt, um das die Kindergärtnerin oder die Lehrerin und die Kinder herumsitzen. Die Hände aller sind unter dem Tisch.
Nun erzählt die Tante eine Geschichte über ihre Abenteuer in Fantasia: Es begegnen ihr z. B. Stachelschweine – in diesem Augenblick wandert eine Nagelbürste von Hand zu Hand. Glitschige Zauberschlangen laufen ihr über den Weg – eine Bananenschale wird herumgereicht. Eine Fledermaus (dünner Seidenstoff) fliegt an ihr vorbei und dann wird sie noch beim Durchqueren eines tiefen Sees von einer Qualle (feuchtes Seifenstück) gestreift.
Die Gegenstände müssen unter dem Tisch im Kreis herumgereicht werden, bis sie wieder bei der Tante angekommen sind. Also: nicht fallenlassen!

Tipp:
Die nächste Tante kann neue Gegenstände suchen oder sie erfindet eine neue Geschichte zu den bekannten Gegenständen.

### Die Welt in der Schachtel

Die Kindergärtnerin, die Lehrerin erzählt:
„Irina hat eine Schachtel aus Karton, diese Schachtel ist mit einem Deckel verschlossen. Wenn sie den Deckel von der Schachtel hebt, sieht sie zunächst nur ein bisschen Nebel, aber wenn sie vorsichtig hineinbläst, schieben sich die Dunstwölkchen zur Seite und sie sieht in der Schachtel eine richtige kleine Welt schweben."
Was ist das für eine Welt? Wie sehen die Bewohner aus? Was für eine Sprache haben sie, wie grüßen sie sich? Was machen sie morgens, mittags, abends? Gibt es Tiere? Wie sehen diese aus? Gibt es Pflanzen? Was kann ein „fremder" Besucher dort erleben …

### Anderswo

Die folgende Geschichte wird nicht nur erzählt, sondern auch mit den Kindern gemeinsam gespielt. Da sie mehrere Themen anspricht, kann die Erzählerin durch kleine Änderungen Schwerpunkte setzen. Diese Denkanstöße stehen zur Verfügung:

- Menschen in anderen Ländern kleiden sich anders.
- Wie hartnäckig soll man ein Ziel verfolgen?
- Wie wichtig bin ich (das Kind) dir (der Betreuerin)?

Variation 1:

- Wie fühlst du dich?
- Was gefällt dir an diesem Kleidungsstück?
- Warum tragen wir keinen Sarong, Sari, Burnus ...?
- Was haben die Leute dort getragen, wo ihr auf Urlaub wart?
- Wer kauft deine Kleider?

Tipp:
Lassen Sie die Kinder die ungewöhnlichen Kleidungsstücke anziehen. Dabei lassen sich weitere, abenteuerliche Geschichten erfinden. Was erlebt ein Kind mit einem Sari auf der Straße? Wem fällt es auf? Würden die Kinder es ansprechen? Was macht es, wenn es regnet oder schneit?

Variation 2:
Im Anschluss kann über „vernünftige" Wünsche gesprochen werden, über Verhalten und Charaktereigenschaften und darüber, „alles zu bekommen, was man will". Mögliche Fragen an alle Kinder zum Thema „Hartnäckigkeit" und „haben wollen":

- Was möchtest du ganz besonders haben?
- Was halten deine Eltern von diesem Wunsch?
- Was müsstest du dafür tun, dass du es bekommst?
- Was machst du, wenn du es nicht bekommst?
- Woher weißt du, dass dieser eine Wunsch ein ganz besonderer ist?

Material: besondere Kleidungsstücke aus fremden Ländern, z. B. Sarong, Sari, Burnus ...
Die Kindergärtnerin, die Lehrerin erzählt:

„Die Tante hat ihrer Nichte Sarah einen Sarong mitgebracht, ein indonesisches Tuch. Sie hat ein ganz bestimmtes Grün ausgesucht, das zu den Augen von Sarah passt. Die Tante zeigt dem Mädchen, wie sie den Sarong wickeln muss.
‚Jetzt siehst du aus wie ein Mädchen aus Bali', sagt sie schließlich zufrieden.
‚Das haben die immer an?', staunt Sarah und sieht sich im Spiegel an.
‚Naja, das Tuch ist noch ein bisschen zu lang. Aber das Grün ist genau das, das ich haben wollte', antwortet die Tante.
‚Warum wolltest du ein grünes Tuch für mich haben?', fragt Sarah.
‚Ich finde, das Grün passt gut zu dir, weil deine Augen so schön grün sind.'
Aber was wäre gewesen, wenn die Tante kein grünes Tuch gefunden hätte? Hätte sie dann ein blaues genommen?
‚Nein, dann hätte ich anderswo gesucht!', antwortet die Tante und betont: ‚Wenn man etwas will, dann muss man immer weitergehen und suchen, bis man es gefunden hat.'
Sarah sieht die Tante groß an. ‚Aber wenn man nirgendwo und überhaupt niemals findet, was man will! Was macht man dann?'
‚Man muss es trotzdem immer weiter versuchen', antwortet die Tante.
‚Dann hättest du mir also gar kein Tuch mitgebracht? Nicht einmal ein blaues als Ersatz?', fragt Sarah.
‚Wenn ich etwas wirklich will, dann gebe ich mich nicht mit einem Ersatz zufrieden. Dann gehe ich eben anderswo hin.'
‚Anderswo', sagt Sarah.
„Ja, dann muss ich anderswo hingehen. Bis ich es habe. Und wenn ich es dann habe ...?'
‚Dann hüte es wie einen kostbaren Schatz!', sagt die Tante."

### Piraten auf Schatzsuche

Diese Abenteuergeschichte sollte die Kinder über einen längeren Zeitraum beschäftigen.
Material: Augenklappen, Papierhüte, Papprollen, Papier und Farben
Vorbereitungsarbeiten: Die Papprollen werden zu Ferngläsern, indem man sie bunt beklebt oder bemalt. Eine Schatzkarte wird gemalt.
Die Kinder setzen sich mit gegrätschten Beinen dicht hintereinander auf den Boden. Die Kindergärtnerin, die Lehrerin sitzt ganz hinten. Sie alle sind Piraten auf hoher See, die einen Schatz suchen.
Die Schatzkarte hängt an der Bordwand: Das Ziel ist dort eingezeichnet – eine kleine Insel. Doch wie kommen sie dorthin? Abenteuer auf See, Ungeheuer, andere Schiffe, Landungen auf falschen Inseln, wo es gefährliche Abgründe, Tiere und Hindernisse (Möbelstücke, Matratzen ...) zu überwinden gilt.
Jede Station dieser Reise wird auf der Schatzkarte festgehalten. Nach einigen abenteuerlichen Episoden, die in sich geschlossen sein sollten, kommen sie zu ihrem Schatz. Was könnte das sein? Die Kinder spielen und erzählen, dann darf jedes Kind ein Bild malen.

Tipp:
Sie kennen Ihre Kinder am besten. Worüber würden sie sich wirklich freuen? Es sollte allerdings mit dem Erzählen im weitesten Sinne zusammenhängen, z. B. ein Besuch im Kindertheater, im Zirkus oder ein Ausflug ins Haus des Meeres.

### Was fühle ich in meiner Hand?

Die Lehrerin gibt allen Kindern gleichzeitig einen imaginären Gegenstand, den sich jedes Kind so sinnlich-konkret wie möglich vorstellen soll.
Sie sagt: „Ich lege jedem von euch einen Schlüssel in die geöffnete Hand. Schließt die Hand und spürt den Schlüssel darin."
Nun beschreibt jedes Kind einzeln, was es spürt: die Größe, die Oberfläche, die Konturen des Schlüssels. Ist der Schlüssel kalt oder warm? Was schließt es damit auf oder zu?
Indem jedes seine Version erzählt, ergeben sich viele unterschiedliche Geschichten.

### Indirekte Einbindung: Die Großmutter spinnt

Winter ist's, der Schnee liegt auf den Hängen und glitzert in der Dämmerung. In der Küche ist es wohlig warm. Die Petroleumlampe spendet mildes Licht. Kinder zausen Wolle, die dann von der Magd gekämmt wird. Drei Frauen sitzen schon an ihren Spinnrädern und die Großmutter hat ihres auch schon hervorgeholt. Jetzt bückt sie sich zum ersten Flachsbündel, gibt es der ersten Frau, bückt sich zum zweiten Bündel, gibt es der zweiten Frau, bückt sich zum dritten, gibt es der dritten Frau. Schließlich bückt sie sich zum letzten Mal, nimmt noch ein Bündel und setzt sich auf ein dreibeiniges Stockerl. Sie fängt an zu spinnen. Die Frauen tun es ihr nach. Holzpantoffeln klopfen dumpf auf den Boden, Spinnräder surren. Die Kinder betteln: „Großmutter, bitte, erzähl' uns was!"
Die Frauen nicken zustimmend. Darum sind sie vom Nachbarhof gekommen: Sie alle wollen zuhören; wollen Wissen sammeln, überliefertes, erlebtes Wissen über das Leben, über Geburt, Krankheit, Tod und – die Liebe. Die alte Frau lächelt stumm vor sich hin, dreht das Rad und zwirbelt Flachs zum Faden. Es ist, als hätte sie die Aufforderung nicht gehört. Die Kinder schauen sie erwartungsvoll an. Die Magd legt ein paar Scheite in den Ofen, die in der plötzlichen Hitze knacken und knistern. Jetzt räuspert sich die Großmutter, dann beginnt sie zu erzählen: „Es war einmal ..."

Vielleicht ist es ein Märchen, vielleicht eine Geschichte aus dem Dorf, vielleicht beides in einem. Denn die Großmutter hat eine Vorliebe für

Märchen, aber auch für Erzählstoffe aus ihrer unmittelbaren Umgebung. Sie bevorzugt als Erzählzeit das Präteritum, verwendet gern die indirekte Rede und Wörter, die heute nicht mehr jeder kennt.

Während sich das Spinnrad dreht und ihre Hände beständig zwirbeln – „schnurr, schnurr, schnurr, dreimal gezogen, war die Spule voll" (Rumpelstilzchen) –, spricht sie mit ruhiger, entspannter Stimme. Manchmal verweilt sie, übt sich in epischer Breite, ihre Stimme wird monoton. Manchmal klingt ihre Stimme brüchig, dann merkt man ihr das Alter, den häufigen Gebrauch an. Doch solange es an diesem Abend Flachsbündel zu spinnen gibt, so lange verstummt diese Stimme nicht.

Die Frauen sehen die Großmutter nicht an, sie sind in ihr Tun vertieft. Doch ihre Ohren sind gespitzt. Kein Wort darf ihnen entgehen! Denn so gebannt ihre Augen auf ihre Arbeit gerichtet sind, so sehr lebt ihr Geist in der Geschichte. Sie stellen sich das Erzählte vor, spüren die Furcht, das Erstaunen, die Freude und die Liebe der Helden und Heldinnen in sich. Was können sie aus der Geschichte lernen? Wie sie weiter"spinnen"?

Die Großmutter verzichtet auf extreme Ausgestaltungen, denn diese würden ihre Zuhörer und Zuhörerinnen zu stark in ihrer Eigentätigkeit beeinflussen. Diese sollen sich ihr eigenes Bild machen und daraus erfahren, wie das Leben so spielt. Wie der chinesische Abt will die Großmutter das Innere der Zuhörer ansprechen. Ihre Mittel aber sind anders, indirekt: Sie erzählt die Geschichte, wie sie wa(h)r. Und sie erwartet nicht, dass die Frauen aufhören zu arbeiten, um sich ihrer Geschichte hinzugeben. Sie weiß aus Erfahrung, was Walter Benjamin in seinem Essay über das Erzählen feststellte: „Je selbstvergessener der Lauschende, desto tiefer prägt sich ihm das Gehörte ein. Wo ihn der Rhythmus der Arbeit ergriffen hat, da lauscht er den Geschichten auf solche Weise, dass ihm die Gabe, sie zu erzählen, von selbst zufällt."

*(Benjamin: Der Erzähler, 1977, S. 393)*

Und die Großmutter weiß, bald wird eine andere erzählen: Weil sie erschöpft ist, weil sie vielleicht bald nicht mehr ist. Das ist ihr Ziel, ihre Aufgabe: Die Geschichten müssen weiterleben, jenseits von Geburt und Tod.

Die Großmutter ist der Archetyp des epischen Erzählens: Vor allem Volksmärchen gehören in ihren Bereich, auch Sagen, Geschichten über

Familienzusammenhänge und so manche Erzählung über das Leben, das Sein und den Tod. Wenn Kinder danach fragen, woher die Menschen kommen und wohin sie gehen – das fängt mit etwa drei Jahren an –, dann ist ihre Art des Erzählens diejenige, die schont, obwohl sie direkt ausspricht, worum es geht; die Raum lässt, um angstbeladene Situationen zu verarbeiten; die am besten auf die Gefühle der Kinder eingeht, weil sie sie nicht überfordert.
Die von altersher überlieferten Bilder und Symbole, deren Gebrauch sie versteht, entsprechen oft der unbewussten bzw. unterbewussten, inneren Realität der Kinder. Ihre Haltung, das Leben zu nehmen, wie es ist, gibt den Kindern Sicherheit. So vermittelt sie Hilfe, Anregung, Trost und Mut – auf eine Weise, die die Kleinen unmittelbar begreifen können.

**Umsetzung**:
Kindergärtnerinnen und Grundschullehrerinnen werden auch mit Themen konfrontiert, die für sie selbst vielleicht unangenehm sind. Sogenannte „Tabu"themen, bei denen sie nicht wissen, wie sie reagieren sollen. In solchen Situationen hilft die Erzählrolle der Großmutter. Nachdem diese den Kreislauf des Lebens kennt, kennt sie den Entwicklungsstand des Kindes. Sie wird also die richtigen Worte finden, weil sie sich die Zeit nimmt zuzuhören. Sie bewahrt Ruhe und wird deshalb klar antworten können.
Ein anderer Aspekt dieses Archetypen ist die Verbindung von Sprache und handwerklicher Tätigkeit. Der stetige Rhythmus des Arbeitens stimuliert das Denken. Frauen schälten Erdäpfel, putzten Karotten, wuschen Wäsche, machten Betten, putzten Böden, backten Brot, spannen, webten, strickten. Und um sie herum immer die Kinder, die Geschichten einforderten. Und auch die Frauen selbst waren begierig danach, dass eine von ihnen erzählte. Wer sonst sollte ihnen raten? Wer sonst verstand ihre Bedürfnisse, ihre Wehwehchen, ihre Fragen nach dem Leben?
Auch Kinder setzen motorische Stimulation ein, um ihre Sprache zu entwickeln. Vorschulkinder z. B. begleiten ihr Handeln gerne mit Worten, selbst wenn es nur rhythmisierte Lautfolgen sind. Zum Beispiel beim Basteln oder beim Auffädeln von Perlen, beim Sortieren von Kugeln, Knöpfen und anderen Utensilien, beim Stecken von Bildern, beim Einräumen, beim Tischdecken, beim Abwaschen … lassen sich wunderbare Wörter, Geschichten finden.

> Aus einem unbewussten Instinkt haben die Menschen seit uralten Zeiten Sprache und Handbewegung als zusammengehörig empfunden.
>
> *Maria Montessori*

**Merkmale des epischen Erzählens:**

- ruhiges Sprechen
- Erzählperspektive: 3. Person (= Er-Sie-Es-Form)
- Präteritum verwenden
- Stille zulassen, Pausen machen

**Patientin GJ-1612**

Eine 76jährige Frau, die vermutlich an der Alzheimerschen Krankheit leidet, hat Probleme mit ihrem Vokabular. Ihr fehlen die Wörter für Gegenstände, für Farben oder Gemütszustände. Allerdings hat sie diese nicht vergessen, sondern sie bringt sie nicht mehr über die Lippen: Ihre Sprachlautebildung ist gestört. Werden ihr reale Gegenstände in die Hand gegeben, kann sie sie benutzen – und meist sagt sie dann auch den richtigen Begriff. Außerdem verwendet sie Verben, also „handelnde" Wörter, um Substantive zu umschreiben bzw. als Krücke, die sie zum gefragten Begriff führen soll. An Patientin GJ-1612 lässt sich genau verfolgen, wie stark „die Hand" der Sprache auf die Sprünge hilft.

*(Neffe: Erkenntnis, in: Intelligenz + Bewußtsein, Geo Wissen, 1994, S. 32 f.)*

## Ideenteil

### Geschichtenhaus

Material: DIN-A3-Zeichenkarton, Farben, Stoff- und Fellreste, Perlen, Knöpfe, Klebstoff

Die Kinder basteln aus Zeichenkarton ein kleines Haus. Es genügt ein längs halbiertes A3-Blatt pro Kind. Die Häuser werden zunächst mit allem, was ein Haus ausmacht, gestaltet: mit Fenstern und Türen, einer Türklinke, einem Klingelknopf, vielleicht einem Briefkasten, einer kleinen Tür für die Katze, einer Blattranke, einer Hecke, mit Dachziegeln, einem Schornstein …

Natürlich lassen sich die Fenster auch aufklappbar machen und vielleicht schaut sogar jemand aus dem Fenster heraus?

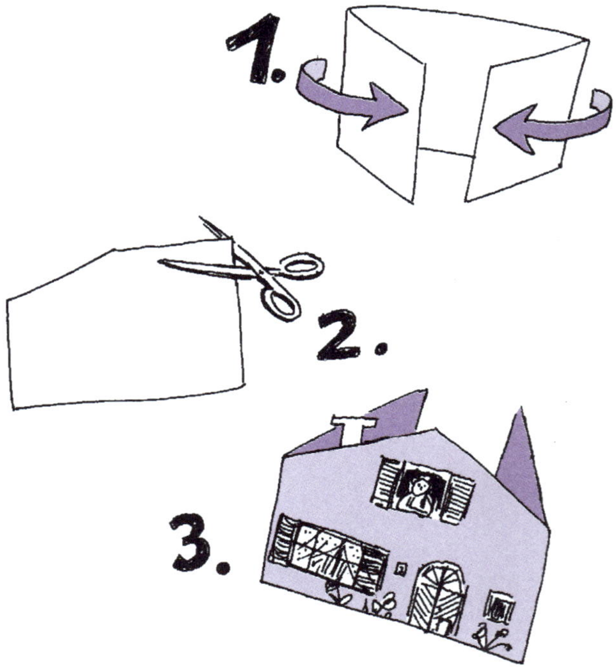


An dieser Stelle setzt das Geschichtenerfinden ein:

- Wer schaut aus dem Fenster?
- Wer wohnt hinter der Tür?
- Wer bekommt die Zeitung, die im Briefkasten steckt?
- Wie heißt die Katze, die vor der Tür sitzt? …
- Es müssen nicht Menschen sein, die im Haus wohnen, es kann auch die Stadt der Tiere werden oder die Stadt der Zwerge, der komischen Käuze, der Glasmänner oder der klugen Frauen …

(Aus: Kohl: Wörterschrank, in: Kindergarten 11/97, S. 6)

### Geschichtenstraße

Statt Geschichtenhäusern lassen sich eine Straße entlang auch „Buchstabenhäuser" bauen. „Buchstabenhäuser" entstehen, wenn jeweils ein Buchstabe in den Wörtern der Geschichte immer wieder auftaucht: Es war einmal Karla Klein, das Kätzchen, das liebte kugelrunde Kartoffelknödel …

In der „Alphabetstraße“ steht dann ein Buchstabenhaus neben dem anderen.
„Berufshäuser“ entstehen, wenn in der Straße ein Briefträger neben dem Kaufmann neben dem Bäcker neben dem Schuster etc. wohnt.

## Kindergeschichten

Erfinden Sie die Geschichte vom Kind, das immer „Ja, gern“ sagt oder „Nein, ich will nicht“, oder vom Kind, bei dem alles „beinah“ passierte.

## Wie die Zeit vergeht

Die Kinder bringen Fotos von sich mit: jeweils eines als Baby, als Kleinkind, eines als Kindergartenkind und eines als Schulkind. Dazu gibt es viel zu erzählen.

- Woran kann sich das Kind erinnern?
- Was erzählen Mama, Papa und die Großeltern?
- Was erlebt es im Kindergarten?
- Was kann es schon?
- Was erlebt es in der Schule?

## Ja, aber …

Na ja, werden Sie vielleicht sagen: Archetypen gut und schön. Aber sind sie nicht unmodern? Immerhin muss sich die Erzählerin, der Erzähler in die Figuren hineindenken können. Welche Großmutter spinnt heute noch? Und die orientalischen Märchenerzähler …?
Und Schehrezâd in den Gemächern des Kalifen? Kämpft sie ihren alten Kampf neu?

Doch gibt es nicht auch noch Gigi Fremdenführer? Er ist modern, er baut auf dem auf, was die anderen Archetypen verkörpern. Er vereinigt die einzelnen Erzählweisen in sich, spielt alle Rollen. Gleichzeitig verändert er sie, passt sie den aktuellen Gegebenheiten an. Ist er Mönch, lebt er in Tibet. In Bagdad fährt er wieselflink mit dem Moped durch die verstopften Straßen, um Kinder zu suchen. Diesmal aber lässt *er* sich erzählen: vom Krieg, von Monstren und von Träumen.
Die Großmutter wiederum steht im Berufsleben, ist Geschäftsfrau, die sich vielleicht nur an den Wochenenden Zeit für die Kinder nehmen kann. Doch dann wird auch sie Geschichten erzählen.

**Umsetzung:**
Gigi nutzt die Charaktere der einzelnen Erzählrollen, doch er verändert sie so, dass er mit ihnen leben kann. Er ist der Fremdenführer, er zeigt den Kindern die Welt, wie es jede Kindergärtnerin und jede Grundschullehrerin tagtäglich tut. Umso mehr, je mehr sie erzählt. Sie schöpft aus einer nie versiegenden Quelle: alle Märchen und Geschichten, die sie je gelesen hat, ihre Reisen, ihre eigenen Erlebnisse, ihre Kenntnisse ... sie hat den Kindern so viel voraus. Die Geschichte aber bestimmt, in welche Rolle sie schlüpft, welche Figur ihr hilft, den richtigen Ton zu finden. Jenen Ton, der, durch die Aufmerksamkeit des Gegenübers hervorgelockt, die Erzählung zu etwas Einmaligem macht.

## Ideenteil

### Hüte

Material: verschiedene Kopfbedeckungen wie Hüte, Hauben, Kronen, Kappen, eine Schaffnermütze, ein Turban, ein Kopftuch, ein Federhut etc.
Die Kinder und die Erzieherin erfinden gemeinsam zum Hut eine Person:
- Was kann sie?
- Was mag sie?
- Was mag sie nicht?
- Was tut sie den ganzen Tag?
- Warum ist die Kopfbedeckung wichtig für diese Person?
- Steckt ein Abenteuer dahinter?

Tipp:
Lassen Sie die Kinder die Geschichte über die Kopfbedeckung in der 1. Person erzählen: „Ich bin ein Beduine, meinen Turban brauche ich, weil ..."

### Was bin ich?

Ein Kind setzt sich in die Mitte und erzählt:
„Ich stehe schon ganz früh auf, da schlafen noch alle, ziehe mir meine weißen Hosen an, setze meine weiße Kappe auf und binde mir die Schürze um. Dann fahre ich in die Arbeit ... Die anderen sind schon da. Meine Hände sind oft voller Mehl ... und heiß ist es da, wo ich arbeite. Wenn du aufstehst, habe ich schon viele Stunden gearbeitet." Es machte eine typische Handbewegung. Die anderen Kinder dürfen raten. Wer den Beruf errät, darf über einen anderen Beruf erzählen.

### Heute bin ich ...

Die Kindergärtnerin, die Lehrerin schlägt vor:
Stellt euch vor, ihr wärt für kurze Zeit ...
- ... unsichtbar
  Was würdet ihr alles tun, wenn euch niemand sehen könnte?
- ... erwachsen (wie Mama, Papa, Oma, Opa ...)
  Was würdet ihr dann am liebsten tun?
- ... ein Clown
  Wie würdet ihr dann aussehen?
- ... ein Zauberer
  Was würdet ihr (ver)zaubern?

Tipp:
Helfen Sie nach, wenn ein Kind „nicht erzählen" kann. Vielleicht kann es seine Idee vorzeigen oder malen. Mit ein paar gezielten Fragen findet es dann ganz von allein zum Erzählen.

### Der gemalte Drache

Die Lehrerin erzählt:

„Hanno geht nicht gern in die Schule, er ist dort oft traurig. Doch eines Tages zeichnet er im Park in der Sandkiste einen Drachen, einen Drachen, der lebendig wird. Der plaudert mit ihm, erzählt ihm, wie unglücklich er im Drachenland ist. – Warum ist er unglücklich? (Vorschläge der Kinder abwarten)
Die beiden beschließen zusammen zu bleiben. Der kleine Drache begleitet Hanno nun jeden Tag in

die Schule. Er hilft Hanno bei den Hausaufgaben, spielt mit ihm und frisst Schokoladenfeuer.
Ja, die beiden erleben ganz viele Abenteuer!"

Jedes Kind malt einen Drachen, einen, der ihm ganz allein gehört. Danach erzählt es:

- Warum schaut der kleine Drache so aus?
- Warum ist er vom Drachenland hierher gekommen?
- Was mag er besonders gern?
- Was macht ihm keinen Spaß?
- Der Drache lernt lesen, schreiben, rechnen. Wie ergeht es ihm dabei? Wie kann ihm Hanno helfen?
- Geht Hanno mit ihm ins Drachenland? Was lernt Hanno dort? …

## Momo und die Kunst des Zuhörens

Wo, wann und wie immer die Geschichte erzählt wird – sie hat mit jedem Mal ein neues, ein anderes Gesicht. Das ist das Unfertige, das Spannende dabei. Dagegen kommt keine Kassette, kein Film an. Selbst Erzähltes ist deshalb niemals langweilig, auch wenn man das Märchen schon hundertmal zum guten Ende gebracht hat. Daran ist, wie gesagt, nicht nur die Erzählerin, der Erzähler schuld. Auch die Zuhörer tragen das Ihre dazu bei. Sie gestalten mit, ja sie tragen sogar Verantwortung: Hört niemand zu, gibt es die Geschichte nicht. „Die Geschichte wird erst durch die Fantasie des Gegenübers lebendig", so der Märchenerzähler Folke Tegetthoff in einem Rundfunk-Interview.
Christel Oehlmann bestätigt diese Beobachtung: „Wenn in richtiger Weise zugehört wird, kann letztlich jeder erzählen" (Oehlmann: Erzählen, 1995, S. 136), auch das schüchternste, das „geschichtenloseste" Kind!
Aber wie hört eine Kindergärtnerin, eine Grundschullehrerin „richtig" zu?
Am besten nimmt sie ihr Gegenüber als das, was es ist: eine selbstständig lernende und handelnde Person und eine gleichberechtigte Gesprächspartnerin, ein gleichberechtigter Gesprächspartner. Was allerdings gar nicht so einfach ist.

### Zuhören wollen

Es gibt solche Tage: Ständig will jemand etwas, die Kinder hängen wie Trauben um die Kindergärtnerin, Termine stehen an, Unerledigtes harrt der Bearbeitung und man hat das Gefühl, überhaupt nicht zur Ruhe zu kommen. Jetzt zupft auch noch Katharina am Rock und fragt unvermittelt: „Warum bist du alt?"
„Weil ich schon länger lebe", antwortet die Kindergärtnerin kurz. „Warum?", fragt Katharina noch einmal. Doch da wendet sich die Kindergärtnerin schon ab. Sie hat keine Zeit, ist von

anderen, „wichtigeren" Dingen abgelenkt. Sie hört einfach nicht mehr zu.
Katharina ist eine von den Schüchternen, sie bohrt nicht nach. Dabei möchte sie es so gerne wissen: Warum die Kindergärtnerin älter ist, sie aber noch „neu", die Oma noch älter und die Uroma tot ist. Das Mädchen wollte ein Gespräch, wollte seinen Wissensdurst stillen. Diesmal hat es nicht geklappt.
Unser Gehirn erkennt den Klang der Stimme, sobald er unser Ohr erreicht. Doch ob wir uns entscheiden, tatsächlich zuzuhören, hängt von uns ab. Wir können selbst auf einem lauten Fest, in Umgebungen mit starker Geräuschkulisse hören, dass unser Name genannt wird. Kinder hören es aus einem anderen Zimmer rascheln, wenn die Mutter einen Schokoriegel auspackt. Wir entscheiden uns also mehr oder weniger bewusst, ob und was wir hören wollen. Kinder sind jedoch leider oft damit konfrontiert, dass Erwachsene ihnen überhaupt nicht zuhören und auch nicht antworten wollen. Die Interessen der Kinder gehen im Alltagsstress oft unter.

> Die Metapher „Zum einen Ohr rein und zum anderen raus" hat das wichtigste Ereignis verdrängt: dass es gar nicht erst ins eine Ohr reingeht.
>
> *Ludwig Marcuse*

## Interesse haben

Heute ist es ruhig im Kindergarten. Alle sind entspannt. Die Kindergärtnerin hat eine Geschichte über Mäuse und Vögel vorgelesen. „Hmm, Katharina, was sagst du dazu?", fragt sie, als die Geschichte zu Ende ist.
„Der Mäuserich ist bald tot."
„Warum glaubst du das?"
„Er ist alt."
„Wenn man alt ist, stirbt man, glaubst du?"
Katharina nickt heftig und fragt: „Bist du alt?"
„Älter als du. Ich bin ja groß."
„Ich bin noch neu!"
„Ja, du bist noch neu, ich bin schon etwas älter und deine Oma ist noch älter. Hast du eine Uroma?"
Katharina schüttelt den Kopf: „Die Uroma ist tot. Die war schon ganz alt, sagt die Mama."
„Ja. Die hat ja auch schon ein Urenkerl gehabt – dich."

Kinder reagieren sehr positiv, wenn die Kindergärtnerin, die Lehrerin ihnen das Gefühl gibt, dass es momentan nur eines gibt: ihre Geschichte.
In diesem Fall zeigt die Kindergärtnerin, dass sie an Katharinas Frage, an ihrer Person Interesse hat. Gemeint ist damit der vom Lateinischen kommende Begriff „Inter esse": „bei etwas" oder „in etwas anderem" sein.
Beim Zuhören geht es darum, in der Geschichte der Kinder „zu sein", den Kopf frei zu haben von Vorbehalten, Erwartungen, Urteilen oder auch Ideen, wie man es selbst machen würde. Die Kindergärtnerin konzentriert sich völlig auf das Kind und seine Fragen. Das signalisiert sie mit ihrer dem Kind zugewandten Körperhaltung, mit zustimmendem Nicken, mit kompetenten Fragen. Letztere – sie können nicht allein mit „ja" oder „nein" beantwortet werden, sondern sie führen zu einer Vertiefung – ermöglichen ein besseres Verständnis: „Warum glaubst du das?", „Wenn man alt ist, stirbt man, glaubst du?", „Hast du eine Uroma?"

## Positive Zuwendung

Momo „konnte so zuhören, dass ratlose oder unentschlossene Leute auf einmal ganz genau wussten, was sie wollten. Oder dass Schüchterne sich plötzlich frei und mutig fühlten. Oder dass Unglückliche und Bedrückte zuversichtlich und froh wurden. Und wenn jemand meinte, sein Leben sei ganz verfehlt und bedeutungslos und er selbst nur irgendeiner unter Millionen, einer, auf den es überhaupt nicht ankommt und der ebenso schnell ersetzt werden kann wie ein kaputter Topf

– und er ging hin und erzählte alles das der kleinen Momo, dann wurde ihm, noch während er redete, auf geheimnisvolle Weise klar, dass er sich gründlich irrte, dass es ihn genauso, wie er war, unter allen Menschen nur ein einziges Mal gab und dass er deshalb auf seine besondere Weise für die Welt wichtig war."
*(Ende: Momo, 1975, S. 15 f.)*

Wie macht Momo das?
Momo sieht all diese Menschen nicht so, wie diese sich selbst sehen. Sie weiß, dass es kluge Leute sind, die ihr Neues und Spannendes erzählen. Diese innere Überzeugung lässt sie ihr Gegenüber spüren. So wachsen Gigi und alle anderen Freunde über sich hinaus: Jede Geschichte wird zu einem einmaligen Erlebnis.
Mit einer solchen Haltung bewirken Kindergärtnerinnen und Lehrerinnen bei ihren Kindern Wunder. Doch verschaffen sie sich damit auch selbst ganz neue Einsichten: Plötzlich fasziniert uns eine kleine Erzählerin, weil sie einmal als „Ich" zu Wort kommt. Ein „Ich", das sich bisher in der Gruppe gut versteckt hat. Eines, das sich entwickelt, sich seiner selbst bewusst wird, eine Stimme bekommt.

### Wer stört?

Kinder, die stören, tun sich meist schwer mit den grundlegenden Voraussetzungen, die ein Dialog erfordert. Heute bekommt nahezu jede Kindergärtnerin und jede Lehrerin mit solchen „schwierigen" Kindern zu tun: Zwanzig bis dreißig Prozent der Dreieinhalb- bis Vierjährigen sind in ihrer Sprachentwicklung deutlich zurück. Besonders ihr aktiver, aber auch der passive Wortschatz ist gering ausgeprägt. Annerose Keilmann, Oberärztin an der Klinik für Kommunikationsstörungen der Universität Mainz: „Die Kinder werden weniger zum Sprechen angeregt, sitzen dafür stundenlang vor dem Fernseher" (Spiegel 28/1997, S. 152). Sie weist damit auf einen Weg hin, mit „Störenfrieden" umzugehen: Sie sollen dazu angeregt werden, selbst zu erzählen und anderen zuzuhören.
„Sender" und „Empfänger", das sind die beiden Positionen, die ein Kind einnimmt. Als „Sender" teilt es etwas mit, als „Empfänger" hört, sieht und empfindet es, sodass es als „Sender" entsprechend reagieren kann. Um das komplexe System eines Dialogs zu beherrschen, brauchen Kinder folgende Fähigkeiten:

- den richtigen Gebrauch der Sprechwerkzeuge
- Umsetzen von sinnlichen Wahrnehmungen in Sprache
- soziales Verständnis, d. h. die Fähigkeit, sich in eine andere Person hineinzudenken
- die Fähigkeit, eine Situation richtig einzuschätzen
- sprachliche Ausdrucksfähigkeit

Die Sprachentwicklung ist ein entscheidender Faktor in der Spezialisierung der Gehirnhälften. Entwickelt sich die Sprachfähigkeit, heißt das, dass die neuronalen Muster komplexer werden. In den ersten Lebensjahren werden wesentlich mehr Neuronen angelegt und vernetzt. Danach findet ein Abbau der „überflüssigen" Neuronen statt, d. h. jener Verbindungen, die nicht genügend verankert wurden. Das ist der Grund, warum eine mangelhafte Ausprägung der Sprachentwicklung die dafür zuständige Gehirnhälfte daran hindert, auch andere Funktionen auszubilden. So reagierte die „Sprachhemisphäre" eines Mädchens, das sein Leben bis zum 13. Lebensjahr in einem dunklen Raum zugebracht hatte und dem man nur kurze Befehle zugerufen hatte, nicht auf ganze Sätze. Sie konnte diese überhaupt nicht wahrnehmen. Dieses Phänomen ist vor allem bei Kindern zu beobachten, die taub auf die Welt gekommen sind und die während der ersten Lebensjahre keine Gebärdensprache angeboten bekommen haben.

## Ideenteil

### Momo

Die Kinder gehen paarweise zusammen. Eines ist Momo, das andere Gigi. Gigi erzählt zu einem zuvor festgelegten Thema aus der Familie oder der Gemeinschaft eine Geschichte. „Momo“ passt genau auf und fragt nach, wenn sie etwas nicht verstanden hat: Sie wird Gigis Geschichte später im Erzählkreis erzählen.

### Wasserkonzert

Material: Gläser, Flaschen, verschiedene Schöpflöffel, Kochlöffel etc.
Gläser und Flaschen verschieden hoch mit Wasser füllen.
Die Kindergärtnerin, die Lehrerin zeigt vor, wie man Töne erzeugen kann.

- Wie hört sich das an?
- Was fühlen die Kinder?
- Alle finden möglichst viele Begriffe, um die Töne zu beschreiben.

Zum Abschluss gibt es ein Konzert.

### Holz

Alles was nach Holz aussieht, wird zusammengetragen. Gemeinsam wird versucht, möglichst viele Klänge zu erzeugen, möglichst viele Klangquellen zu finden. Dabei werden Wörter wie „schaben“, „brechen“, „knacken“, „kratzen“, „biegen“, „klopfen“ oder „pochen“ gefunden.

### Fledermaus und Insekten

Die Kinder bilden einen großen Kreis – die „Schallmauer“. Im Inneren des Kreises steht ein Kind (die Fledermaus), dem die Augen verbunden sind, einige andere (die Insekten) „schwirren“ herum. Die Fledermaus sendet Schallwellen aus, indem sie ruft: „Insekten, wo seid ihr?“ Die Insekten melden sich durch Piepsen. Nun soll die Fledermaus die Insekten nach Gehör fangen. Die „Schallmauer“ hilft dabei: sie wird enger oder weiter, sie gibt einen Ton von sich, wenn die Insekten sie berühren, etc.

### Regentropfenspiel

Die Kindergärtnerin oder die Lehrerin geht reihum und erzählt die Geschichte vom Gewitter, das immer näher kommt. Zunächst kommt der Regen, langsam und leise (Schulterklopfen), dann Donner und Blitz (Klatschen) und schließlich entfernen sich Donner und Blitz (Schulterklopfen), bis es endlich zu regnen aufhört.
Jedes Kind bekommt zwei große Steine in die Hände. Es macht die Augen zu. Spürt es das Klopfen auf der Schulter, schlägt es die Steine leise aneinander. Hört es das Klatschen, klopft es schnell. Wird ihm neuerlich auf die Schulter geklopft, soll das Kind die Steine immer langsamer aufeinander schlagen bis der „Regen“ aufhört.

### Taubenpost

Auf die vier Ecken des Raumes werden die Kinder in gleich starke „Taubenschläge“ aufgeteilt. Ein Kind ist die Brieftaube.
Die Kindergärtnerin, die Lehrerin sagt: „Ich habe eine wichtige Nachricht, die ich um die ganze Welt schicken möchte!“

Natürlich kann eine Brieftaube nicht allein so weit fliegen. Deshalb fliegt sie immer bis zum nächsten Taubenschlag und flüstert die Nachricht einer anderen Taube leise ins Ohr, die dann die Nachricht weitertransportiert.

Die letzte Taube sagt laut die Nachricht – oder das, was davon noch übrig ist.

### Turbanland

Die Kinder legen sich auf den Boden und schließen die Augen. Die Kindergärtnerin bzw. die Lehrerin stellt sich etwas weiter weg; sie wird als „Schlangenbeschwörerin" auf der Flöte spielen. Neben ihr am Boden liegt ein Seil.
Die Schlangenbeschwörerin spielt ihre Weise, die Schlangen bewegen sich, zuerst langsam, dann immer schneller, dorthin, woher die Töne kommen. Jedes Kind, das die Flötenspielerin gefunden hat, klettert das Seil „hinauf" in den Himmel, dort liegt das Turbanland, in dem die Geschichten blühen.

**Variante**:
Neben der Flötenspielerin steht ein Korb, aus dem sich die ersten drei oder vier Kinder „blind" einen Gegenstand herausnehmen dürfen. Diese Gegenstände sind Bestandteile der folgenden, spontan erfundenen Geschichte.

### Der Weg zur Burg

Material: Decken, Pölster, Kisten, Bänke und andere „Hindernisse"
Der Weg zur verwunschenen Burg ist gefährlich. Auf einem markierten Weg schleichen alle Kinder durch den Zauberwald, über die blaue Wiese zum Burggraben. Bei jedem Geräusch, das sie hören, müssen sie sofort stehen bleiben, egal wo sie sind und wie sie gerade stehen, sonst müssen sie zurück ins Dorf (Ausgangspunkt). Haben die Kinder das Tor erreicht, öffnet es sich: Sie dürfen in den Saal der Geschichten.

Tipp:
Die verschiedenen Geräusche (Räuspern, Tappen mit den Füßen, Triangel usw.) werden in die nachfolgende Geschichte, die die Kinder und die Erzieherin gemeinsam erzählen, verpackt.

# Was Kinder gerne hören

**„Wünscht euch eine Geschichte! Sagt mir einfach, was darin vorkommen soll, und ich erzähle euch eine! Eine, die euch ganz allein gehört." So beendet der Kinderbuchautor Martin Auer oft seine Lesungen. Denn er zaubert gern: am liebsten Geschichten. Er ist ein begeisterter Erzähler, vermittelt, dass das Erfinden von Geschichten nicht nur sein Beruf, sondern auch seine Leidenschaft ist. Die Kinder lassen es sich nicht zweimal sagen und schon sprudeln ihre Ideen hervor: Eine Welt in der Schachtel soll vorkommen, ein Fahrrad mit eckigen Rädern, ein sprechender Hund …**

Aus diesen absurden Konstellationen kreiert der Autor seine Geschichten. Sie sind spritzig und übermütig, manchmal traurig oder wütend – je nach Stimmungslage.
Wie viele Geschichten mag er im Laufe seines Lebens schon erzählt haben? Und keiner davon konnte man vorwerfen, „banal" zu sein. Jede hatte ein Thema, war Auseinandersetzung mit dem Erleben, mit der Umwelt, der Welt an sich. „Als Kinderbuchautor ist man nicht nur Künstler", sagt Martin Auer, „sondern auch Teil des Erziehungswesens. Jemand der erzählt, braucht schon eine Vorstellung davon, wie die Welt ausschaut, und auch davon, wie sie ausschauen sollte."

Dieses praktische Interesse, das Auer einfordert, gehört letztlich zum Wesen des Erzählens. Walter Benjamin entdeckte in „jeder wahren Erzählung" – offen oder versteckt – einen Nutzen. Dieser mag zum einen in einer Moral bestehen, zum anderen in einer praktischen Anweisung oder in einem Sprichwort, in einer Lebensregel – in jedem Fall ist die Erzählerin, der Erzähler jemand, der „dem Hörer Rat weiß".

Das ist es auch, was Kinder hören wollen. Nur: Dieser Rat, den jede Erzählerin, jeder Erzähler den Kindern geben soll, ist etwas anderes als das, was manche Leute unter „pädagogisch wertvoll" verstehen. Diese meinen, dass die Kinder etwas Vorgegebenes lernen sollen. In Geschichten dieser Art wird den Kindern gesagt, was sie denken, was sie fühlen sollen. Doch Kinder erwarten sich anderes: Sie sind im Zentrum, sie gehen von sich selbst aus und sie wollen gefühlsmäßig angesprochen werden. Sie selbst wollen die Entscheidung treffen: „Was ist für mich wichtig in dieser Geschichte? Was kann ich daraus lernen?"
Darin liegt der Grund, warum der vordergründige „pädagogische" Zweck in den meisten Fällen sein Ziel verfehlt: Er verursacht Unbehagen – das Gefühl, manipuliert zu werden, macht die Kinder unwillig. Diese durchaus verständliche Reaktion verhindert jenen „pädagogisch" durchdachten Nutzen, den sich die Erzählerin von der Geschichte verspricht.
Dagegen ist eine Erzählung, die Erfahrung mitteilt, ohne Ratschläge zu erteilen und Erklärungen abzugeben, von unschätzbarem Wert. Erfahrung, die von Mund zu Mund geht, die sich an das Außerordentliche, das Einzigartige hält – sie wirkt, weil jedes Kind sich das Eigene daraus hervorholen kann, ohne dass ihm haarklein erklärt wird, *was* es sich herausholen soll. Und je eher diese Erfahrung an das eigene Erleben anknüpft und sich als Basis dem Wissen der Kinder anpasst, desto lieber hören sie zu.

Wer bin ich? Wo stehe ich? Wer bist du? Was und wie ist die Welt? – Das sind die wichtigsten Fragen, mit denen sich die Kinder im Alter zwischen drei und acht Jahren auseinandersetzen: Sie wollen sich als Ich erfahren und das Erfahrene zeitlich einordnen und so umformen, dass sie es bei den anderen verstehen können. Soziale Kompetenz – die zentrale Forderung des Lebens – setzt voraus, dass die Kinder sich selbst kennen, auch ihre Lebensumstände, ihre Familie, die neue Gemeinschaft im Kindergarten oder in der Schule – und die Zeit. Denn nichts ist so schwer zu erfassen wie das Vergehen der Zeit, Begriffe wie „gestern", „heute" und „morgen", wie „Vergangenheit", „Gegenwart" und „Zukunft".

**Vom Lernen**

Das Sensorische Register als erste Verarbeitungsinstanz des Gedächtnisses bewahrt Eindrücke wie Töne, Bilder, Gerüche für einen äußerst kurzen Augenblick. Die wichtigste Aufgabe dieser Instanz besteht darin, eine Reizgegebenheit als bedeutungshaltige Einheit zu identifizieren, z. B. als Buchstabe, Zahl, Satz; sie liest ein Muster heraus. Solchermaßen als bedeutsam erkannt gelangen die Sinneseindrücke in das Kurzzeitgedächtnis. Dieses hat im Vergleich zu den anderen Gedächtnisabteilungen eine äußerst begrenzte Kapazität: Gelangen sieben neue Informationseinheiten hinein, fallen zwei alte heraus.
Interessant ist, dass verbale Muster, die ins Kurzzeitgedächtnis gelangen, dort in akustischer Form – ihrem Klang entsprechend – aufbewahrt werden, selbst wenn sie durch die Augen und nicht durch die Ohren dorthin gelangt sind. Deshalb sind das mündliche Erzählen (oder später, in der Schule, das Vorlesen bzw. das laute Lesen) und das Erlernen von Reimen und Gedichten für Kinder so wichtig.

**Auf dem Weg ins Langzeitgedächtnis**

Es gibt verschiedene Möglichkeiten, die als wichtig definierten Informationen vom Kurzzeitgedächtnis eine Instanz weiter zu schicken:

- Wiederholung
  1. Die erhaltende Wiederholung hält die Information im Arbeitsspeicher und verhindert das Vergessen, wenn neue Informationen hereinkommen. Der Übergang in das Langzeitgedächtnis ist hierbei jedoch nicht gewährleistet.
  2. Die elaborierende Wiederholung geht mit einer tiefer gehenden Verarbeitung einher. Der Sachverhalt wird logisch zergliedert, von unwesentlichen Elementen befreit, nach Merkmalen geordnet, mit anderen Sachinhalten verglichen, nach wesentlichen Eigenschaften klassifiziert und abstrakt, vornehmlich sprachlich festgehalten.
- Chunking

  Mehrere Informationseinheiten werden in leichter speicherbare Komplexe zusammengefügt, sodass die Speicherkapazität des Kurzzeitgedächtnisses nie voll ausgeschöpft wird. Rhythmen in einer Klangfolge oder Reime unterstützen diese Form der Verarbeitung.

## Selbst Erlebtes

„Weißt du, was ich heute hab machen dürfen? Ich hab am Bahnhof den Schranken hinaufgedreht!", erzählt Ines aufgeregt. Was, wirklich? Wie kam denn das?

Die Vierjährige ist eine große Plaudertasche und liebt es, sich mitzuteilen. Eine Fähigkeit, die ihr Leben um einiges ereignisreicher erscheinen lässt als jenes vieler anderer Kinder. Sie nimmt sich und ihre Umwelt bewusst wahr. Da ist einmal das Morgenritual: Aufstehen, Anziehen, Frühstücken, der Weg in den Kindergarten. – Da war der Schranken vor dem Bahnübergang noch herunten. Die Mama ist stehen geblieben und der Bahnhofsvorstand hat gegrüßt. Ob Ines den Schranken hinaufdrehen will, hat er gefragt. „Stell dir vor, da ist auch noch der Carlos gekommen. Der wollte auch, jetzt haben wir gemeinsam …"

Ines kennt die alltäglichen Abläufe und gestaltet ihren Bericht fantasievoll aus. Niemand muss sie dazu ermuntern: Wenn ihre Mutter sie abholt, erzählt sie sofort, was im Kindergarten alles los war. Sie macht sich ihre Geschichte, formt ihre Erlebnisse um und speichert sie auf positive Weise: Ines hat ihre eigene Stimme gefunden, weiß um ihr Ich.

Zurückhaltende Kinder brauchen hingegen Unterstützung, um von sich zu sprechen bzw. über sich nachzudenken. Wichtig ist dabei, dass die Fragen nicht insistierend sind; die Kinder dürfen nie das Gefühl haben, bedrängt zu werden. Assoziative Reaktionen kommen schneller als vorbereitete: Vielleicht fällt ihnen zu der Geschichte eines anderen Kindes etwas ein – ein, zwei Sätze.

Eine andere Möglichkeit, Kinder Themen finden zu lassen, ist, sie aufzufordern, bestimmte Situationen des Alltags zu zeichnen oder zu malen. So kommen ihnen Ideen, sie erzählen einfach, während sie malen, oder sie erklären, was sie gemalt haben, und finden so zu ihrer Geschichte.

Manche fühlen sich wohler, wenn sie nicht über sich, sondern über „den Tiger", „den Hasen", „die Puppe Anna" oder „Mowgli" sprechen. Dabei beschreiben sie mit viel Elan Gefühle oder Erlebnisse, die sie selbst hatten.

## Ideenteil

### Mein Name

Kinder mögen ihren Namen, er spiegelt, wer sie sind. Lassen Sie sie ihren Namen malen. Dann wird erzählt. Mein Name ist ..., weil ..., er ist ein Hund, der bellt; er klingt wie ein helle Glocke, die am Abend läutet ...
Weiterführung:

- Wie gefällt dir dein Name?
- Hast du mehr als einen Namen?
- Wie rufen dich deine Eltern, wie deine Freunde?
- Fällt dir ein Name ein, den du lieber hättest?
- Was wäre, wenn du einen anderen Namen hättest?
- Stell dir vor, der Zauberer Tintifax sammelt Namen in einem geheimen Zimmer. Was würdest du tun, wenn er deinen auch gestohlen hätte?

Tipp:
Zum Kennenlernen am Schulanfang können die einzelnen Zeichnungen der Kinder auf ein großes Packpapier geklebt und wie ein großes Wandbild in der Klasse aufgehängt werden.

### Lebensgroß

Die Kinder gehen paarweise zusammen: Jeweils ein Kind legt sich auf ein großes Papierstück. Das andere Kind zeichnet die Umrisse des Körpers nach. Danach wird gewechselt. Hat jedes Kind einen Umriss seines Körpers vor sich, darf es ihn ausmalen und bekleben. Wenn die Kinder fertig sind, erzählt jedes Kind dem anderen über sich.
Bei kleineren Kindern kann die Kindergärtnerin beim Zeichnen der Umrisse behilflich sein.

### Das ist meine Freundin, mein Freund

- Wo und wie habt ihr euch kennen gelernt, kennt ihr euch schon lange?
- Was unternimmst du gerne mit ihm, mit ihr?
- Was magst du an ihm, an ihr?

### Malen und Erzählen

Siehe Kopiervorlagen im Anhang.
Die unvollständigen Bilder werden von den Kindern fertig gemalt. Währenddessen konkretisieren sich Gedankengänge, es kommt zum Erzählen.
Vorschläge zum Thema „Ich und meine Umgebung":

- Was erlebst du an einem schönen Sonnentag, Regentag, Wintertag ...?
- Warum weint, lacht dieses Kind?
- Dein Lieblingsessen wird serviert.
- Zeichne dich so klein, dass du in einem Wassertropfen leben kannst.
- Zeichne dich so groß, dass du die Sterne pflücken kannst.
- Zeichne einen Traum.
- Du schrumpfst eines Tages. Was erlebst du beim Aufstehen, beim Schlafengehen, auf dem Schulweg?

**Variationen:**

- Einige Kinder arbeiten gemeinsam am gleichen Thema, regen sich gegenseitig an und helfen einander.
- Die Kinder stellen einander ihre Bilder vor: in einer kleinen Gruppe oder im Erzählkreis.
- Aus den Bildern wird ein Geschichten„buch" zusammengestellt.

### Memory-Geschichte

Vorlagen für Memory siehe Anhang.
Die Memory-Karten thematisieren Rituale des Alltags. Es gibt verschiedene Möglichkeiten, sie einzusetzen:

- Auf dem Tisch liegen alle Karten aufgeschlagen. Ein Kind nimmt ein Paar Karten, das zusammengehört, und erzählt über das „Ritual", das abgebildet ist.
- Die Karten liegen verdeckt. Jedes Kind zieht zwei zusammengehörige Karten und erzählt, wie das „Ritual", das abgebildet ist, bei ihm zu Hause abläuft.
- Will die Lehrerin es komplexer gestalten, lässt sie die Kinder die Kartenpaare in einer Schlange auflegen. Es gilt, die Chronologie zu finden. Danach wird der Reihe nach erzählt, z. B. indem jedes Kind zu einer Karte erzählt.

## Was sagt …?

Dies ist ein äußerst beliebtes Spiel bei Kindern ab drei. Sie lieben es, Dialogen zuzuhören und selbst welche zu erfinden. Diese können durchaus vorhersehbar sein. „Was sagt …?" gilt hier im situationsbezogenen Zusammenhang.

- Ein Morgen, an dem das Kind nicht aufstehen, nicht in den Kindergarten gehen will. Was sagt das Kind? Was sagt die Mutter?
- Das Kind möchte etwas anderes anziehen, essen oder trinken.
- Das Kind will herumtoben und nicht stillsitzen.

Wichtig ist bei diesen Erzählungen und gemeinsamen Überlegungen das Lachen. Es geht nicht darum, zu belehren, sondern darum, sich mit viel Humor auf den alltäglichen „Ungehorsam" einzulassen. Ein wunderschönes Beispiel: *Doris Dörrie/Julia Kaergel: Lotte will Prinzessin sein, Ravensburg, 1998:*

„Lotte, bitte, zieh dich an", sagt Lottes Mutter. „Jetzt ist es schon halb acht."
Lotte knurrt.
„Du kommst zu spät zur Arbeit und ich zu spät in den Kindergarten", sagt Lottes Mutter.
Lotte lacht.
„Quatsch, ich komme zu spät in die Arbeit und du zu spät in den Kindergarten", sagt Lottes Mutter. „Ich sage es jetzt zum letzten Mal. Zieh dich an. Bitte, bitte, Zuckerschnecke, oder willst du, dass ich sauer werde?"
„Ja", sagt Lotte, „ganz sauer, wie eine Zitrone."
*(ebd., S. 8)*

### Zum Erzählen verführen

„Also, heute Morgen hast du dich hingelegt und bist gleich eingeschlafen? Nein? Du bist aufgestanden und hast dich angezogen? Die Socken über den Kopf gezogen? Und die Hose? Die war im Backrohr? Nein? Wo denn sonst? …" Kinder steigen gerne darauf ein, wenn die Kindergärtnerin alltägliche Situationen persifliert. Sie wissen, dass die Erzieherin spasst, darum macht es ihnen besondere Freude, richtig zu stellen und zu erzählen, wie es wirklich war. Dieser Trick funktioniert auch bei Geschichten, die die Kinder schon kennen.

**Von Fernsehen, Video & Co.**

Zur Welt der Kinder gehören auch die Medien: Mittlerweile haben Erstklässler in ihrem Leben durchschnittlich tausend Stunden vor dem Fernseher verbracht, wie neuere Erhebungen in Deutschland zeigten; dazu kommen Computer- und Videospiele sowie Videofilme.
Die Inhalte, die Bilder, die Töne … – all das wirkt direkt, ohne irgendeine sprachliche Instanz, die das Gesehene verarbeiten hilft. Meist sind die Kinder auch noch allein in dieser medialen Welt. Es steht ihnen kein Instrumentarium zur Verfügung, das ihnen zeigt, wie sie mit diesem Teil ihrer Erlebnisse umgehen könnten. Oft wissen die Eltern selbst keinen Weg oder sie stehen den medialen Entwicklungen unkritisch gegenüber. So allein gelassen sind die Kinder den vielgestaltigen Eindrücken doppelt ausgeliefert.
Lernen bedeutet, Reize, die auf die Kinder einstürmen, zu koppeln: durch Beobachtung und Imitation, durch Ausprobieren nach dem Prinzip „Versuch und Irrtum", durch die Neustrukturierung und Umformung bereits gelernten „Materials". Daher hat es wenig Sinn, Filme und TV-Serien und deren Charaktere aus dem Kindergarten bzw. der Schule zu verbannen. Kinder müssen umformen können: Nur so bekommen sie die Kraft, sich von medial vermittelten Gefühlen und Erlebnissen zu distanzieren und sie nach ihrer Auffassung von der Welt zu bewerten. Mit Geschichten über beliebte Fernsehfiguren, die die diversen Handlungen weiterentwickeln, lässt sich die kritische Auseinandersetzung mit den Medien fördern.

## „Lügen"barone unterwegs

Alice steht ein langweiliger Nachmittag bevor: Mutter bekommt Besuch und sie muss helfen Kaffee und Kuchen auszuteilen; Knickschen und auch sonst noch allerlei Dinge machen, die sie eigentlich nicht tun will. Doch es kommt Hilfe – ein Kaninchen, *das* Kaninchen, schlüpft eilig in sein Loch und lockt die neugierige Alice nach „Underground", in ein Land, in dem es Abenteuer gibt.
Lewis Carroll hat in „Alice's Adventures in Wonderland" jenen kleinen Kniff gebraucht, den Kinder tagtäglich anwenden: An unverdächtig scheinenden Stellen tauchen plötzlich Fantasiegestalten auf – so als ob sie nur darauf gewartet

hätten, die Realität zu beleben: Da begleitet eine ganze Heerschar von Löwen und Tigern den kleinen Max in den Kindergarten, da setzt sich eine ahnungslose Frau in der Straßenbahn auf den süßen, aber unsichtbaren Kater – Gebrüll, Tränen und große Verzweiflung!

Die „magische Phase“, die mit der Stufe des präoperationalen anschaulichen Denkens zusammenfällt, birgt für Erwachsene viele Überraschungen. Mit „Logik“ kommt man da nicht weit: Wenn die Deckenleuchte zum Adler mutiert, der das Kind jagt, hat es meist wenig Sinn, darauf hinzuweisen, dass der Adler eine Lampe ist und es deshalb keine Angst zu haben braucht. Jedes Kind weiß das, schließlich hat es den Adler selbst erfunden. Trotzdem bleibt jenes Gefühl, das die Fantasiegestalt hervorgerufen hat – in diesem Fall: die Angst.

Jede Figur hat ganz eigene Charakterzüge, die sie als gut oder böse klassifizieren. Die kleineren Kinder leben mit den Freundlichen, den Guten. Sie zeigen ihnen, wie es zu Hause, im Kindergarten oder im Straßenverkehr ist, und sie genießen deren Gegenwart. Die Größeren nutzen zwar immer wieder den Trost dieser Begleitung, doch werden die Themen, die Gefühle und die Geschichten komplexer.

Was gibt es da nicht alles zu erzählen! Unsichtbare Spielkameraden sind schwierige Gesellen: Sie streiten, müssen getröstet werden, weil die Mama weggegangen ist, werden krank, weinen, haben Schmerzen, sterben. Im nächsten Augenblick stehen sie wieder auf, um mit dem Kind zu spielen …

Die Sorge, dass die Fantasie des Kindes Blüten treibt und es einen Realitätsverlust erleidet, braucht man nicht zu haben. „Unsichtbare Spielkameraden werden nur dann zu einem Problem, wenn sie die Isolation von Heranwachsenden kompensieren, wenn sie einen Ersatz für die Wirklichkeit darstellen“, sagt Jan-Uwe Rogge in „Kinder haben Ängste“ *(Rogge: Ängste, 1997, S. 112)*.

In sozialen Verbänden wie dem Kindergarten oder der Schule lässt sich schnell erkennen, ob sich das Kind zurückzieht und dem Anschluss an die anderen ausweicht. Ist das der Fall, kann die Erzieherin behutsam auf das scheue Kind eingehen, indem sie es auffordert, vom unsichtbaren Freund zu erzählen. Damit lässt sich das Selbstwertgefühl des Kindes aufbauen; und beteiligen sich auch die anderen Kinder an den Geschichten, wird das Gefühl für die Gemeinschaft gestärkt.

**Realität und Fantasie**

Verwechslungen von Fantasie und Realität kommen bei Kinder bis zum dritten Lebensjahr häufig vor. Oft verwirrt es sie, wenn Erwachsene beim Spiel mitmachen und eine neue Dimension hineinbringen. Die Unsicherheit der Kinder zeigt sich darin, dass sie plötzlich von der Vorstellung zur Wirklichkeit überwechseln und kontrollieren, ob das Fantasiegebilde wirklich existiert. Das hängt mit dem grundsätzlichen Vertrauen zusammen, das Kinder in die Ehrlichkeit Erwachsener setzen. Also kontrollieren sie, ob ihr Spiel, ihre Geschichte noch Spiel oder Geschichte ist. Hinweise wie „In Fantasia lebt ein Drache …“, „In der Geschichte bist du jetzt der Tiger …“, „Es war einmal …“ unterstützen die Schaffung dieses Bewusstseins bei den Kindern. Selbst kleinere Kinder wissen dann sofort, dass es nicht „in echt“ ist. Je älter die Kinder werden, desto seltener brauchen sie diese Kontrolle.

## Von den Monstern

„Mama! Da ist ein Tier! Das hat ganz scharfe Krallen und schaut so böse!", ruft der kleine Carlos. „Es ist ganz grün im Gesicht und hat spitze Zähne! – Der will mich beißen! Und jetzt hat es den Saft ausgeschüttet, Mama!"

Erzählen Kinder von solchen Figuren, beobachten sie genau, wie Erwachsene reagieren: Sie wollen Sicherheit darin, dass Eltern und Erzieherinnen sich so verhalten, wie sie es erwarten. Darum lassen sie die Monster Dinge tun, von denen sie wissen, dass sie „verpönt" sind: ohne Erlaubnis über die Straße gehen, einen Spielkameraden beißen, Spielzeug zerstören.
Sie durchbrechen damit „kulturelle Selbstverständlichkeiten", die von ihnen täglich gefordert werden, und formen sie um.
Gleichzeitig wollen die Kinder aber auch Schutz vor dem „Bösen", denn: Kinder verarbeiten mit Monstergeschichten auch Ängste. Je mehr Teile des Ichs und der Umwelt ein Kind entdeckt, desto mehr Gefahren „drohen": Dunkelheit, Einsamkeit, Unsicherheit …

Erwachsene, die für diese Nöte kein Verständnis haben, sind im Kampf gegen die eingebildeten Ungetüme alles andere als hilfreich. Die Existenz dieser bedrohenden Gestalten zu leugnen bedeutet, dass man sich nicht daran beteiligen kann, wenn das Kind umformt. Der Hinweis, dass das Kind nur das Gefühl hat, ein böses Monster jage es durch die Klasse, ist wichtig: „Du glaubst, ein Monster will dich fressen?" Nachdem man festgestellt hat, wo dieses Monster haust – in der Fantasie – kann man konstruktiv mithelfen, diesem die Stirn zu bieten.

Aufgabe der Kindergärtnerin oder der Lehrerin ist es, sich zu fragen: „Warum erzählt das Kind gerade von diesem bestimmten Monster?" Das dient dazu, das Kind genauer zu verstehen und die Figur nicht aus sich selbst heraus zu interpretieren, sondern sie von der Entwicklung und der Stufe des Reifungsprozesses des Kindes aus zu betrachten. Es sollte festgestellt werden, ob mit der Geschichte Ängste verarbeitet oder aber verstärkt werden.
Wie also sieht das Monster aus? Was frisst es – außer Kinder –, wo wohnt es etc. Vielleicht möchte das Kind es malen. Wichtig ist immer das Bewusstsein: Im Kopf, im Gefühl des Kindes sind diese Figuren präsent, weil sie Ängste personifizieren. Über die Geschichte und das Erzählen lernt es mit seinen Gefühlen umzugehen. Dabei kann es durchaus aggressiv zugehen.
Auf keinen Fall soll die Erzieherin zu schnell eingreifen oder Hinweise geben wie „Kannst du nicht etwas Schöneres erzählen?". Das versteht ein Kind schnell als Maßregelung. Es befürchtet Liebesentzug, nur weil es „böse", gefährliche, „schmutzige" Dinge zum Thema gemacht hat.
Oft zweifelt die Erzieherin, ob diese mitunter grauslichen Erzählungen gut für die anderen Kinder sind. Doch Geschichten sind als Geschichten zu werten: „Kopf ab, Kopf ab", schreit die Herzkönigin im Wunderland nahezu ununterbrochen, was keinen der Bedrohten in seinen Handlungen beeinträchtigt.

## Kriegsspiele und Tod

Jochen schießt mit seiner Holzpistole wild um sich: „Bum, bum, bum!“ Dabei zielt er auf den Vater, der sofort „getroffen“ umfällt. „Steh auf, das war nur ein Spiel!“, schreit Jochen, doch der Vater bleibt liegen. Er rührt sich nicht. Das Kind schubst den „leblosen“ Körper, der Vater bleibt regungslos liegen. Da gerät Jochen in Panik: „Wach auf Papa, wach auf!“ Nach einer für ihn schier unvorstellbaren Zeitspanne öffnet der Vater die Augen und sagt: „So ist es, wenn du andere totschießt.“ „Aber ich hab' doch gar nicht geschossen. Es war nur ein Spiel“, beharrt das Kind und hat – realistisch gesehen – völlig Recht *(Rogge: Ängste, 1997, S. 113)*.

Jochen hat gewusst, was er tut: Er hat gespielt. Sein Vater hat das nicht beachtet und dem Kind die Sicherheit genommen, sich in einem geschützten Raum zu bewegen. Damit hat er die Regeln gebrochen.

Wie das Spiel sind auch die Geschichten ein geschützter Raum. Ein Raum, der es der Kindergärtnerin oder der Lehrerin ermöglicht, auf Themen einzugehen, die, im Spiel ausgelebt, das harmonische Miteinander beeinträchtigen würden. Ihre Aufgabe ist es, die Kinder jene Themen finden zu lassen, die sie beschäftigen, und sie auf den Ausflügen in die Fantasie zu begleiten. Und vielleicht finden die anderen einen für das Kind akzeptablen Ausweg, eine Möglichkeit, wie es mit allen Gefühlen umgehen lernt, egal ob sie nun „gut“ oder „böse“ sind.

Kinder werden schon früh mit Mord und Totschlag konfrontiert. Sie erhaschen einen Blick auf die Nachrichten, sehen eine Szene aus der Krimiserie, können in Trickfilmen jede Menge Kampf- und Todesarten erleben. In ihren Geschichten leben sie diese Erfahrungen aus und damit versuchen sie ihre Vernichtungsängste in den Griff zu bekommen.

Dabei haben Kinder ein untrügliches Gespür für die symbolische wie für die reale Aufarbeitung von Schreckenserfahrungen. Sie arbeiten konstruktiv an den Geschichten mit und üben so mit ihren Ängsten ebenfalls fertig zu werden. Dabei kann es rau und grauslich zugehen, das Töten, Totmachen, das Kämpfen spielt eine große Rolle. – Sie stärken sich, um mit diesen Realitäten leben zu können.

Wer also praktische Friedensarbeit mit Kindern leisten will, muss bereit sein, von ihnen zu lernen und sich auf ihr „unzivilisiertes“, unbekümmertes Handeln und Erzählen einzulassen. Es ist das kreative Spiel mit Möglichkeiten, das keine reale Konsequenz hat. Besonders dann, wenn es ums Geschichtenerzählen geht. Das wissen die Kinder.

> Mag uns der Verstand noch so viele äußere Tatsachen liefern, die echte Fantasie kann viel wahrer sein.
>
> *Johann Wolfgang von Goethe*

### Unheimliche Lust an der Angst

Gespenster-, Monster- und andere Gruselgeschichten lösen das gewisse Kribbeln aus, verursachen eine Gänsehaut. Sie rühren an die Angstlust der Kinder und sind deshalb so beliebt. Denn Angst ist für Kinder nicht unbedingt etwas, das sie vermeiden müssen. Sie wollen sie nur in einem gesicherten Rahmen, in einem Kontext selbst geschaffener und selbst bestimmter Regeln und Rituale erleben. Aus Gruselgeschichten gehen Kinder durchaus gestärkt hervor: Sie haben sich was getraut, haben sich aktiv der Angst gestellt.

## Ideenteil

### Der kleine Gümmel

Die Kindergärtnerin oder die Lehrerin erzählt von ihrem neuen Freund, dem kleinen Gümmel:
„Von den Gümmels gibt es auch große, aber der ist klein. Er hat keine Haare, dafür ein neonfarbenes Stirnband. Er liebt diesen Kuchen, den mit den roten Dingern darauf. Wegen diesem hat er Gümmelhausen verlassen und ist beim Bäcker gelandet. Dort hat er sich in meiner Tasche versteckt. Wie diese Dinger heißen, hat er mich gefragt. Erdbeeren heißen die, habe ich geantwortet. Seitdem geht er mit mir überall hin, wo ich hingehe.
Der Gümmel kennt sich nicht aus in unserer Welt. Er fürchtet sich vor dem Sofa: ‚Frisst es mich?', hat er mich heute Morgen ängstlich gefragt. Jetzt hat er sich hinter dem Spiegel versteckt.
Erzählt ihm doch ... was ich in der Hand halte ... auf den Tisch gelegt habe ... was wir gestern gebastelt haben ..."

**Variationen**:
- Dem Gümmel sind nicht nur Dinge fremd, sondern auch Gefühle und Verhaltensweisen.
- Lustig wird's, wenn die Kinder überlegen, was sich der Gümmel unter den verschiedenen Gegenständen vorstellen könnte.
- Jedes Kind darf den Gümmel einmal mit nach Hause nehmen und erzählt beim nächsten Mal, was sie miteinander erlebt haben.

### Die Wichtel

Einige Waldwichtel werden zufällig zur Weihnachtszeit mit der Tanne, unter der sie wohnen, in die Stadt gebracht. Sie trennen sich, um alles zu erkunden. Einige schauen in Wohnzimmer und in Geschäfte, einige andere unterhalten sich mit den Menschen, die ihnen begegnen.
Hinterher treffen alle wieder zusammen und tauschen ihre Erlebnisse aus.

Tipp:
Man kann kleine, selbst gebastelte Wichtel (z. B. Apfelfigur, Nussmännchen, Kastanienmännchen mit Zipfelmütze) zu diesem Spiel verwenden. Die Kinder erzählen, was jeder Wichtel erlebt hat.

### Ich fürchte mich

Einstimmungsgeschichte: Der kleine und der große Bär wohnen in einer Bärenhöhle. Der kleine Bär sollte schlafen, doch er fürchtet sich vor der Dunkelheit. Immer größere Laternen hängt ihm der große Bär auf, doch der kleine Bär kann nicht schlafen, denn draußen vor der Bärenhöhle ist es ja noch immer dunkel. Da zeigt ihm der große Bär den Mond und die Sterne.
*(Nach: Waddell: Kleiner Bär, 1997)*

Mögliche Fragen:
- Wovor habt ihr euch schon einmal gefürchtet?
- Wie hat sich das angefühlt?
- Was hat da geholfen?

Tipp:
Die Kindergärtnerin oder die Lehrerin erzählt zuerst, wovor sie sich als Kind gefürchtet hat ...

### Shir-Khan, der Tiger

Der Tiger Shir-Khan kann Menschen nicht leiden: Er hat vor dem Feuer und den Gewehren der Menschen Angst, deshalb will er Mowgli, das Menschenkind, fressen. Doch Mowgli hat Freunde, die ihm helfen. – Soviel zum Inhalt der Erzählung bzw. des Films „Das Dschungelbuch". Der Tiger ist aber nicht nur gefährlich, sondern auch stark und schön und überdies ist er ein hervorragender Schwimmer. Er fasziniert in seiner Gefährlichkeit. Er ist das Paradebeispiel für eine Serienfigur.
Erfinden Sie Situationen, in denen Mowgli und Shir-Khan miteinander auftreten. Das muss sich nicht unbedingt im Dschungel abspielen. Vielleicht sucht Shir-Khan den Fleischer, den Bäcker

auf, begegnet Mowgli am Schulweg oder sucht ihn vergeblich im Gewirr der Straßen. Lassen Sie die Kinder den Schluss erfinden.

Tipp:
Ein Besuch im Zoo, ein Bild, eine nähere Beschreibung der Raubkatze erhöhen die Faszination und machen den Tiger – die Angstfigur – anschaulich.

### Gespenstertreff

Einmal im Monat wird das Klassenzimmer zum Gespenstertreff. Die Kinder und die Lehrerin erfinden Fantasiefiguren, böse und gute, die hier zusammenkommen. Sie erzählen sich Erlebnisse, können aber auch heftig ins Streiten kommen.

Gestaltungsmöglichkeiten:
- Zwei Gespenster erzählen, was sie letzte Woche angestellt haben; wie sie die Kinder erschreckt haben; wie die Kinder darauf reagierten …
- Ein böses Monster stört die Runde. Wie reagieren die Gespenster darauf? Nehmen sie das Monster ernst? Wie bringen sie es dazu, nicht mehr zu stören, ja sogar friedlich bei den anderen sitzen zu bleiben?
- Zwei Spukgeister streiten: Sie haben vor kurzem gemeinsam ein Kind erschreckt. Jetzt geben beide mächtig an: Jedes will der bessere Angstmacher gewesen sein, gleichzeitig macht es die Leistung des anderen herunter. Das gibt einen köstlichen Dialog.

### Ich hab heut Nacht ein Gespenst gesehen

Material: Decken und Leintücher, Rhythmusinstrument (Trommel, Kastagnietten …)
Die Kindergärtnerin oder die Lehrerin erzählt und untermalt ihren Text mit der Trommel:
„Ich hab heut Nacht ein Gespenst gesehen, so um zwölf Uhr. Das konnte fliegen und brauchte nicht gehn, es huschte über den Flur. Die Ketten klirrten schauerlich, es klappert das Skelett. Wo nur, wo versteck ich mich? Ich schlüpfe unters Bett. (Stille)
Und dann streck ich dem Gespenst die Zunge raus und dann geht das Gespenst bestimmt nach Haus. Und eins, zwei, drei, eh man sich versieht – ist es das Gespenst, das flieht.“ *(Grabbet, Regina: Das große bunte Spielebuchfür Kinder von 2 bis 6 Jahren. Falken Verlag, Niederhausen/Ts. 1996, S. 56)*
Die Kinder spielen mit: Einige haben sich Leintücher über den Kopf gezogen und sind die Gespenster. Die anderen „schlüpfen unters Bett“ (= Decken).

### „Damals, als ich so alt war wie ihr …“

Wie war das noch? – Kinder spitzen sofort die Ohren, wenn die Großmutter sich zurücklehnt und diesen Satz sagt. Eine Geschichte aus jenen Tagen, als die Oma ein Kind war! Dieselbe Wirkung haben kurze Episoden aus dem Leben der Eltern oder eben der Kindergärtnerin oder der Lehrerin. Mucksmäuschenstill sind die Kinder dann.
Nichts ist so aufregend wie die Tatsache, dass die Erwachsenen doch tatsächlich einmal klein, selbst auch Kinder waren. Alles wollen sie darüber wissen, sie fragen nach und besonders die Kleinen können nicht genug davon bekommen. Sie beginnen zu begreifen, was „Zeit“ ist. Zunächst messen sie es in Lebensaltern: „Da ist die Oma, die ist schon sehr alt, ich bin noch neu und was bist du?“ Doch mit der Zeit wird die „Zeit“ selbstverständlich. Die Größeren wissen dann schon, dass Zeitabläufe beobachtbar sind, dass Zeit gliederbar und messbar ist. Doch sie können durch die selbst erlebten Geschichten erfahren, dass Gegenwärtiges aus seiner Entwicklung heraus verstanden werden kann, dass es eine Vergangenheit, vergangene Ereignisse gibt.
Themen lassen sich da jede Menge finden: Was ist anders? Im Ort, im täglichen Leben, in den Berufsbildern, bei den Bräuchen … Was hat sich seit der Kindheit der Kindergärtnerin, der Lehrerin

geändert? Aber auch: Was hat sie selbst erlebt? Persönliche Erfahrungen im Umgang mit Dingen, Personen und Ereignissen. Erinnerungen an den schönsten Urlaub, an das Spielen am Strand, an die beste Freundin, den Geruch des Holzes in der Tischlerei des Vaters, an die Suche nach den frisch gelegten Eiern im Hühnerstall … Das episodische Gedächtnis, also jener Teil des Gedächtnisses, in dem ein Sachverhalt subjektive Bedeutsamkeit erlangt, birgt unendlich viel Stoff für Geschichten.

## Ideenteil

### Ahnenforschung

Schon ab drei Jahren beginnen sich Kinder für ihre Großeltern zu interessieren. Mit gezielten Fragen kann man ihnen helfen, dieses Interesse zu Hause kundzutun.

- Welche Berufe haben die Großeltern? Wo wohnen sie? Was tun sie gerne?
- Wie war das, als die Großeltern Kinder waren? Wie haben sie ihre Freizeit verbracht? Womit haben sie gespielt? Wie war ihr Alltag? Was haben sie in den Ferien gemacht?
- Wie war das, als die Eltern noch Kinder waren?

Vorsicht: Informieren Sie die Eltern bzw. Großeltern darüber, warum für die Kinder solche Geschichten wichtig sind.

### Wo die Zeit wohnt

Thema: Vorschulkinder wissen von der „Zeit" meist nur, dass ihre Eltern „keine Zeit" haben.
Weil der Vater so oft schimpft „Jetzt ist es aber höchste Zeit!", klettert Karin auf der Suche nach der Zeit bis zur höchsten Stelle – auf den Kirchturm. Dort trifft sie den Uhrmacher, der ihr liebevoll erklärt, was Zeit ist. Das ist gar nicht so einfach. Der Uhrmacher gibt Karin ein Geheimnis mit auf den Weg: Zeit kann man sich nehmen!
*(Nach: Skutina/Sacé, Zeit, 1985)*

- Die Kinder übernehmen den Part des Uhrmachers: Sie erklären, was Zeit für sie ist.
- Was ändert sich, wenn man sich Zeit einfach nehmen kann: zu Hause, im Kindergarten, in der Schule?
- Was würden die Kinder am liebsten tun, wenn sie sich Zeit nehmen könnten, so viel sie wollten?

### Das alte und das neue Bilderbuch

Material: zwei Bilderbücher, eines aus Großmutters Zeiten, ein heutiges
Zunächst betrachten alle die Bücher. Was fällt den Kindern auf? Was ist wie dargestellt? Wie sind die Menschen gekleidet? Was machen sie? Welche Unterschiede gibt es?
Danach wird mit der Erzählung gearbeitet:
Das alte und das neue Bilderbuch stehen im Regal des Kinderzimmers. Es ist Nacht. Die beiden Bücher kommen ins Gespräch. Sie zeigen sich gegenseitig ihre Seiten, doch plötzlich findet das neue Bilderbuch ein Bild des alten zwischen seinen Seiten. Und das alte findet ein modernes Bild. Was erleben die Figuren in der „neuen" Umgebung? Wie haben sich die Verhältnisse geändert?
Möglichkeiten:

- Märchenfiguren im Heute
- Kleidung, Spiele, Sport, Fortbewegungsmittel früher, heute
- Berufe früher, heute
- alte Küche, neue Küche; Einrichtung gestern und heute
- Veränderungen auf dem Bauernhof, auf der Baustelle, bei der Feuerwehr, im Krankenhaus, im Supermarkt etc.

## Sach- und Lachgeschichten

- Was nützen im Sachunterricht Geschichten, da geht es doch um Informationen?
- Was die Kinder selbsttätig erleben, erfühlen, erfahren, sagt mehr als tausend Worte.
- Experimente eignen sich nicht für Geschichten. Da geht es um die richtige Abfolge einzelner Schritte.

Diese Argumente hört man oft, wenn man im Sachkundeunterricht nach Geschichten fragt. Aber wie schon die „Sendung mit der Maus" und „Am Dam Des" bewiesen haben: „Edutainment" lebt nicht vom Experiment oder dem sinnlichen Erleben allein. Die Geschichte, in die die Sachinformationen verpackt sind, wirkt wie ein Verstärker und sie fördert das Erinnerungsvermögen. Zum handlungsorientierten Unterricht gehört auch, dass Kinder Überlegungen anstellen, Hypothesen bilden, etwas voraussagen und vermuten, sich Zusammenhänge ausdenken – sprich: ihre sprachlichen Fertigkeiten gebrauchen, üben und verfeinern, um das Gelernte wirklich zu verstehen.

Ganzheitliches Lernen heißt, dass neben Liedern, Malereien, Basteleien, sinnlichen Erkundungen, Spielen, die ein Thema näher beleuchten, auch Geschichten existieren. Erfahrene Sachkundelehrer wissen um den Wert der in Geschichten verpackten Information: Es genügt nicht, die Kinder Materialien, Fertigkeiten, Funktionen etc. sinnlich erfahren zu lassen, sie brauchen unbedingt den erzählerischen Zusammenhang.
Im Kindergarten nutzt man diese Erkenntnis, weil die unterschiedlichen Lernaufgaben noch nicht so voneinander getrennt sind wie in der Schule mit ihrer Einteilung in Unterrichtsgegenstände.

> Die Sprache befreit uns zu einem hohen Ausmaß von der Tyrannei der Sinne.
>
> *H. L. Teuber, Sprachwissenschaftler*

Hier nun eine mögliche Geschichte zu dem im Kasten beschriebenen Clustering. Sie kann als Initialzündung dienen, um nähere Auskünfte über

**Clustering**

Clustering ist eine Methode, mit der Sie über freies Assoziieren von Begriffen Geschichten zu Sachkundethemen finden.

- Schreiben Sie alle sachlichen Informationen auf, die Ihnen zu dem gewählten Thema einfallen.
- Nehmen Sie ein neues Blatt Papier, schreiben Sie in die Mitte den Begriff, um den es gehen soll, und kreisen Sie ihn ein.
- Jetzt schreiben Sie innerhalb von fünf bis zehn Minuten alles auf, was Ihnen einfällt. Die sachlichen Informationen haben Sie schon erledigt, konzentrieren Sie sich auf die so genannten Banalitäten. Kreisen Sie jeden Begriff ein und stellen Sie während des Schreibens Verbindungen her. Denken Sie nicht nach, schreiben Sie!
- Danach machen Sie fünf bis zehn Minuten Pause.
- Jetzt nehmen Sie sich das Blatt vor …

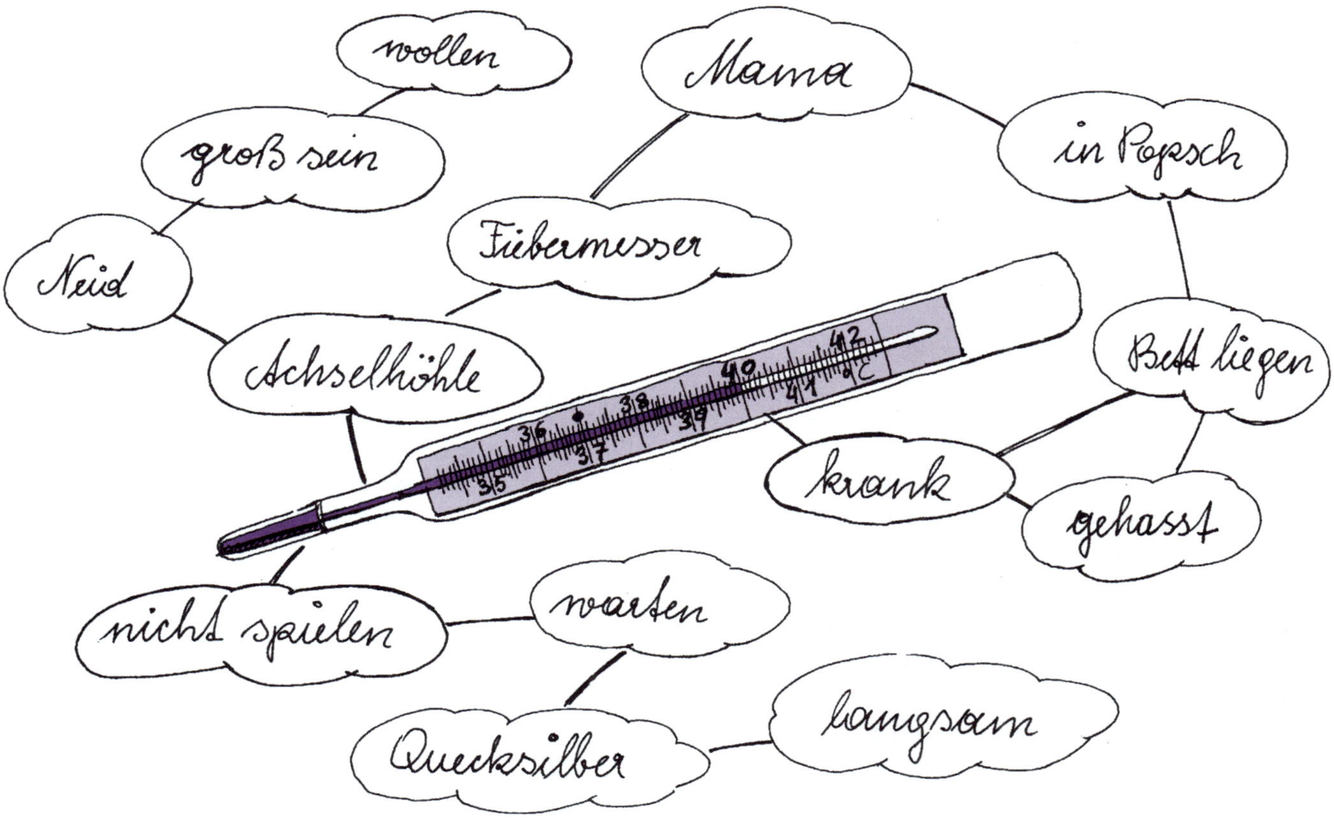


die Funktionsweise des Fieberthermometers zu geben. Und in weiterer Folge können dann im Unterricht sämtliche Arten von Thermometern behandelt werden. Es kann aber auch über den Sinn des Fiebermessens gesprochen werden, warum man Fieber bekommt etc.:

### Endlich groß

Wir waren zu Hause viele Kinder. Ich war die Jüngste. Wenn ich krank war, war das Erste, was meine Mutter machte: Sie fasste mir an die Stirn. „Puh, du bist ja ganz heiß! Komm, wir messen Fieber", sagte sie. Das mochte ich gar nicht. Zuerst musste ich ins Bett. Alle anderen haben so schön gespielt, aber ich musste ins Bett. Dort habe ich mich auf den Bauch legen müssen und die Mama hat mir das Thermometer in den Popsch gesteckt. Und da bin ich dann gelegen: stundenlang. Na ja, eigentlich waren es nur zehn Minuten, aber mir ist es vorgekommen, als hätten alle auf mich vergessen.
Eines Tages – ich war sieben oder acht Jahre alt – war alles anders: Ich habe bei den anderen bleiben dürfen, ich musste mich nur auf die Couch setzen. Dann hat mir meine Mutter das Thermometer in die Hand gegeben und gesagt: „Steck es unter deine Achsel und halte es fest." „Warum?", habe ich gefragt. „Weil du schon groß bist." Na endlich!

## Ausflug ins Land der Mathematik

„Abenteuer eines Elements A, das aus Versehen in die Menge der Elemente B geriet, wo es keine Ruhe findet, bis es in seine natürliche Menge zurückkehrt, nämlich die der Elemente A …"
*(Rodari: Phantasie, 1992, S. 134).*
Was soll sich ein Kind darunter bloß vorstellen?

Trotzdem hören Kinder seit etlichen Generationen einer dieser „Mengenlehre"-Geschichten fasziniert zu. Ihr Titel: „Das hässliche Entlein", erzählt von Hans Christian Andersen. Wie viel spannender, wie viel nachvollziehbarer sind die Leiden und Freuden dieses kleinen Entleins, das so anders ist als alle andern, das sich unter den Enten nicht zu Hause fühlt, nicht zu Hause fühlen kann, weil es eigentlich ein Schwan ist – ein wunderschöner noch dazu.
Die mathematische Aufgabe „a + b = b + a" ist für Kinder, die wissen, was Zauberer und Hexen den ganzen Tag über so tun, durchaus früher zu bewältigen, als Jean Piaget dachte. Allerdings lösen sie die Aufgabe nicht bewusst: Verwandelt der Zauberer den Kater in einen Tiger, den Tiger in eine Maus, die Maus in einen Elefanten, den Elefanten ... und alles wieder zurück, bis schließlich wieder der Kater um seine Beine schnurrt, dann bekommt jedes Kind einen Begriff von Reversibilität. Ähnlich wird auch das Verständnis von „Relation" und „Relativität" gefördert: Wenn der dicke Brummer dem kleinen Nilpferd das Leben zur Hölle macht und das kleine Nilpferd schon ganz verzweifelt ist – was hilft da? Zu wissen, dass ein dicker Brummer allemal kleiner ist als ein noch so kleines Nilpferd.

## Ideenteil

### Wie viele Schritte bis zum Zaun

Die Lehrerin erzählt:
„Es gab einmal einen Mann, der wollte alles wissen und wissen und wissen. Niemals gab er Ruhe, er fragte die Leute und fragte und fragte – so lange, bis sein Gegenüber keine Antwort mehr wusste. Dann hielt er den Nächsten auf und das Ganze begann von vorne. Eines Tages sagt er mürrisch: ‚Ach, die Leute haben mir schon alles erzählt. Niemand bietet mir etwas Neues!' Tatsächlich: Der Mann fand keinen, der ihm noch Neues erzählen konnte. Traurig wanderte er durch die Straßen, bis er an einen Zaun stieß. Er hörte Kindergeschrei. ‚Vielleicht wissen die Kinder etwas, das ich noch nicht weiß', dachte er und ging durch das Tor. Die Kinder begrüßten ihn und fragten, warum er so traurig sei. Da erzählte er ihnen sein Leid, dass er schon alles wisse ... Die Kinder lachten. ‚Alles?', fragten sie neugierig. ‚Wie viele Löwenschritte sind es bis zum Zaun?', wollten sie wissen. Das war leicht. Der Mann machte vier Löwenschritte und war am Zaun. ‚Und wie viele Elefantenschritte und wie viele Krebsschritte und wie viele Ameisenschritte ...?'
Und hätten die Kinder nicht nach Hause zum Abendessen müssen, würde der Mann noch immer den Weg bis zum Zaun abmessen."

Tipp:
Lassen Sie die Kinder eine abgesteckte Strecke auf verschiedene Arten abmessen, z. B. mit einem Löffel, einem Stift, einem Korkenzieher.

### Das Geheimnis des Schattens

Ein Kind misst um neun Uhr, wie viele Schuhe der Schatten des Baumes im Schulhof misst – z. B. 30 Schuhe lang. Ein anderes Kind, das neugierig geworden ist, geht um elf Uhr hinunter und wiederholt die Messung. Bei ihm ist der Schatten nur zehn Schuh lang. Es gibt einen Streit, Diskussionen. Gemeinsam messen beide Kinder den Schatten um zwei Uhr und finden eine dritte Größe.
Das ist eine Geschichte, die sich gleichzeitig erleben und erzählen lässt.

*(Nach: Rodari: Phantasie, 1992, S. 136)*

### Hexenfuß

Material: Eiswürfel
Die Kindergärtnerin oder die Lehrerin erzählt:
„Die kleine Hexe Malwine ist eine große Verwandlungskünstlerin. Jeden Morgen übt sie fleißig, weil

sie einmal so berühmt werden will wie die Hexe Kniesebein. Na ja, noch ist sie ein Hexenlehrling und vergisst manchmal, dass sie etwas verändert, wenn sie es verwandelt. Da war z. B. die Sache mit dem Eis. Einen wunderschönen Eiswürfel hat ihr die Hexe Kniesebein hingelegt und gesagt: ‚Mach etwas daraus.' Malwine lässt sich so etwas nicht zweimal sagen. Sie stellt sich vor den Eiswürfel und hebt an: ‚Hexenfuß …'. So beginnt nämlich ihr ganz persönlicher Zauberspruch. Doch plötzlich hält sie inne. ‚Was ist das?', denkt sie. ‚Nur ein Eiswürfel? Das ist doch zu wenig. Ich weiß, was ich mache: Das Tiefkühlfach! Da ist ganz viel Eis drin! Das hol ich mir!' Gedacht, getan: ‚Hexenfuß und Krötenbein, das Eis, das soll jetzt anders sein', zaubert Malwine. Was glaubt ihr, ist dann passiert?"

- Lassen Sie die Kinder beobachten, wie die Eiswürfel schmelzen.
- Auf jeden Fall muss Malwine das Malheur wieder in Ordnung bringen. Wie macht sie das? Verwandelt sie das Wasser, das auf den Boden fließt, wieder zurück? Was passiert dann?
- Malwines Verwandlungskünste lassen sich z. B. auch auf Butter oder Wachs anwenden, die man durch Wärmeeinwirkung verändern kann.

## Frau Wild und Herr Zahm

Frau Wild und Herr Zahm sind befreundet. Frau Wild wird fuchsteufelswild, wenn etwas nicht so geht, wie sie will. Herr Zahm dagegen murmelt nur vor sich hin und sagt zu ihr, sie solle sich nicht so aufregen.

Das Prinzip ist einfach: Die Protagonisten charakterisieren sich durch Gegensätze. Das funktioniert auch bei schmal – breit, dünn – dick, groß – klein …

Hierbei wird der Blick auf gesellschaftliche Normen gelenkt. Wie ist das zum Beispiel, wenn Frau Wild keine Wurst bekommt und den Fleischer wütend anschreit, Herr Zahm zwar bekommt, was er möchte, aber sich gegen die gefräßigen Hunde, die vor dem Geschäft warten, nicht wehren kann? – Wie können sie sich gegenseitig helfen? Hier können lustige Szenen erfunden werden.

## Natur pur

Pflanzen, Tiere, Jahreslauf: Die Natur bietet Kindern ein unendliches Spektrum an Eindrücken. Wie verändert sich der Baum übers Jahr, wie keimen Samen, wohin verschwindet das Wasser in der Erde? Hier wird den Kindern eine Vielzahl von „Bildern", sichtbaren wie auch Hör-, Fühl-, Geruchs- und Geschmacksbildern geboten, die durch die Sprache ein Muster, einen Sinn bekommen.

„Eine Biene sitzt auf den Blüten des Klees." – Um den ganzen Zusammenhang zu erfassen, benötigt man jede Menge Informationen: Die Biene sammelt – was? wozu? – Sie fliegt – wohin? Ist sie allein? Hat sie Freunde? Woher weiß sie, wo es Nektar gibt? Sie lebt – wie? Waldemar Bonsels hat erkannt, dass die Informationen über Bienen allein zwar durchaus interessant sind, dass sie jedoch einprägsamer werden durch eine Geschichte, die die Abenteuer einer kleinen Biene erzählt: „Die Biene Maja".

Nach dem gleichen Prinzip kann jede Kindergärtnerin, jede Lehrerin verfahren: Ein Hase z. B., den die Kinder hoppeln gesehen haben, der mit seinem Näschen das Gras beschnuppert und schließlich davon gefressen hat – so ein Hase wird ganz schnell zur Persönlichkeit, bekommt einen Charakter und wird zum Helden einer Erzählung, ja einer ganzen Serie. Was erlebt er im Frühjahr, im Sommer, im Herbst und im Winter, wer sind seine Feinde, was frisst er, was kann er, was erlebt er im Wald, wovor hat er Angst, worüber freut er sich und so weiter und so fort.

Einen unerschöpflichen Fundus für unterhaltsame „Sach"geschichten stellt die Formenvielfalt der Pflanzen dar. Betrachtet man z. B. die Ackerwinde näher, laden zwei Eigenschaften ein, eine Geschichte zu erzählen: ihre rot-weiß gestreiften

Blütentrichter und ihr Bestreben, sich andere Pflanzen als Kletterhilfe auszusuchen. Offensichtlich hat sie etwas ganz Wichtiges zu verkünden und muss daher so schnell wie möglich so hoch hinaus wie möglich. Was könnte das sein? Hat im Ackerreich eine neue Ameisenkönigin Einzug gehalten? Sammeln sich die Schwalben für den Flug in den Süden oder gibt's ein Heuschreckenturnier? So ganz nebenbei erfahren die Kinder noch, was ein Megaphon ist: Sie halten ihre Hände trichterförmig an den Mund und rufen – was immer die Ackerwinde zu verkünden hat.
Sachinformationen ein erzählerisches Kleid überzuziehen braucht viel Wissen über die betreffende Pflanze, das Tier, den Stein. Prägnante Eigenschaften, das Aussehen und der Name sind Quellen der Inspiration.

Tipp:
Meist dauert es ein paar Tage, bis die Erzählerin eine Geschichte vorbereitet hat. Diese Zeit sollte man sich auch gönnen, um alle Dimensionen einer Geschichte auszuloten.

> Fantasie hat nur dann Sinn, wenn sie zehn Klafter tief in der Wirklichkeit verwurzelt ist.
>
> *Maurice Sendak, Dichter*

## Ideenteil

### Der goldene Schlüssel

Material: Schatulle mit Schlüssel, Naturmaterialien zum Thema
Die Kindergärtnerin, die Lehrerin erzählt:
„Ein armer Junge musste hinaus in den tief verschneiten Wald gehen und mit seinem Schlitten Holz holen. Wie er nun das Holz zusammengesucht und aufgeladen hatte, wollte er noch schnell ein Feuer machen und sich ein bisschen wärmen, bevor er heimging. Er scharrte den Schnee weg, um einen Platz für das Feuer zu machen. Da fand er einen kleinen goldenen Schlüssel. ‚Wo der Schlüssel ist, muss auch das Schloss dazu sein!', dachte er und grub in der Erde. Und wirklich, er fand ein Kästchen. ‚Wenn der Schlüssel nur passt!', dachte er. ‚Es sind gewiss kostbare Sachen in dem Kästchen.' Er konnte jedoch das Schlüsselloch nicht gleich finden. Schließlich entdeckte er es; es war so klein, dass man es kaum sehen konnte. Er probierte und der Schlüssel passte. Da drehte er den Schlüssel einmal herum, ein zweites Mal …
… und nun müssen wir warten, bis er den Deckel aufgemacht hat, dann werden wir erfahren, was für wunderbare Sachen in dem Kästchen liegen."

Nachdem die Gegenstände bewundert worden sind, denken sich alle gemeinsam zu jedem Gegenstand eine Geschichte aus, die dessen jeweilige besondere Eigenschaft berücksichtigt.

- Wie hilft dem Jungen das Gefundene? Wärmt es ihn mit den Sonnenstrahlen, das es gespeichert hat, ist es Nahrung, tröstet es …?
- Wie und wann ist der Gegenstand in die Schatulle gekommen – zu welcher Zeit, bei welcher Gelegenheit?
- Man kann auch mehrere Gegenstände thematisch zusammenstellen, z. B. eine Vogelfeder, Eicheln, eine Kastanie, bunte Blätter … Sie erzählen, was sich in einer bestimmten Jahreszeit im Wald abspielt.

Tipp:
Das Schatzkästlein birgt jedes Mal, wenn es hervorgeholt wird, ein anderes Geheimnis der Natur.

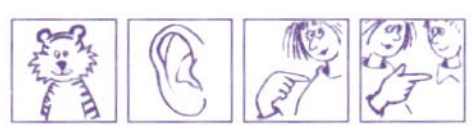

### Am Heckenrosenstrauch

Die Kindergärtnerin, die Lehrerin erzählt:

„In der Hecke hör' ich's summen
und auch brimmeln, brammeln, brummeln.
Bienen, Hummeln, Schmetterlinge – jede Menge,
ein Schubsen und Gezwänge.
Könnt ihr's hören, wie sie sich beschweren? –

Du, ich war als Erste hier; hau ab, verschwinde hier;
weg mit deinem dicken Pelz, hockst da, fast wie ein Fels;
zieh du deinen Rüssel raus, ich will auch …"

- Die Kinder dürfen eifrig miterfinden: Was kann man nicht alles sagen, um sich abzugrenzen – Schimpfen sollte in Maßen erlaubt sein!
- Alle überlegen, wie die vertriebenen Insekten reagieren.
- Das assoziative Element dieser Geschichte ist nicht allein im Abgrenzen zu finden, sondern auch in den Charaktereigenschaften der Insekten. So wird eine Biene ziemlich schnell das Feld räumen, wenn eine Wespe daherkommt.

Ende: „Doch am Abend ist's dann leise, heimwärts von der Honigreise fliegt und flattert es zur Nacht. Das Blütenhaus wird zugemacht."

*(Cratzius, Barbara/Altegoer, Regine: Zippel Zappel Fingerspiel. Tolle Beschäftigungsideen fürs ganze Jahr. ars edition, München 1997, S. 13)*

### Farbenfroher Baum

Vorbereitung: Blätter sammeln und auf ein Zeichenblatt kleben, indem sie ganz dicht zu einer Baumkrone geformt werden. Einen Stamm dazu malen.
Je nach Bedarf können Frühlings-, Sommer-, Herbst- und Winterbäume gestaltet werden.
Jeder Baum hat eine eigene Geschichte, die von der Kindergärtnerin oder der Lehrerin erzählt wird.

Unser Frühlingsbaum ist der Apfelbaum:

Es war einmal ein kleiner Apfelbaum, der stand mitten auf der Wiese. Dieser kleine Baum war traurig, sehr traurig. Sein Stamm fühlte sich kalt an, die Äste streckten sich dürr und kahl dem Himmel entgegen. Der Winter dauerte nun schon so lange! Er konnte sich überhaupt nicht mehr erinnern, wie es früher gewesen war.
Doch die anderen, die großen Bäume, die um ihn herum auf der Wiese standen, erinnerten sich. Manchmal erzählten sie davon, dass es eine Zeit gegeben hatte, in der die Sonne sie jeden Tag angelacht und gewärmt hatte.
Solche Geschichten hörte er sich zwar an, doch er glaubte sie nicht. Die anderen, so dachte er, merken ja gar nicht, wie kalt es ist, wie rau der Wind bläst. Außerdem bekamen sie jeden Tag Besuch: Meisen und Spatzen holten sich das Futter, das jemand in ihre Zweige gehängt hatte. In den letzten Tagen kamen sogar Amseln, zwitscherten ein bisschen und unterhielten sich mit ihren Gastgebern.
Was aber war mit ihm? Wer sprach mit ihm? Er stand hier in der Kälte, allein und furchtbar traurig. Der kleine Baum tat sich so Leid, dass er zu weinen anfing.
Plötzlich wuchs ein Hutzelweiblein aus dem Boden. „Was weinst du, Baum? Hat man dir etwas getan?", fragte es und strich über seinen Stamm. Da klagte der kleine Apfelbaum dem Weiblein sein Leid. Das Weiblein hörte ihm aufmerksam zu, nickte hin und wieder und streichelte seinen Stamm. Als er geendet hatte, lächelte sie tröstend. „Mein Vetter, der Winter, hat dir übel mitgespielt. Doch nun ist das bald vorbei", sagte sie. „Du wirst sehen, es wird alles gut."
Sie verschwand so schnell, wie sie gekommen war. „Komisches Weiblein", dachte der Baum. Doch es hatte sich etwas verändert – er war nicht mehr so traurig. Und er lauschte: Der Frühling zog ins Land.

- Was hört der Baum?
  Das Gras wachsen? Einen Schwarm Rauchschwalben vorbeifliegen? Das Gezänk der Blumen mit Löwenzahn und Hahnenfuß, die sie verdrängen wollen? Das Lied des Goldammermännchens und das Summen der Bienen?

- Was sieht der Baum?
  Wie die Vögel Nester bauen? Wie die Raupen sich ihren Weg bahnen? Das Schaumnest der Wiesenschaumzikade?
- Was spürt der Baum?
  Wie kleine Blatttriebe seine dürren Äste durchbrechen? Wie Knospen austreiben und sich die Blüten entfalten?

Tipp:
Gehen Sie mit den Kindern hinaus und lassen Sie sie Baum spielen. Was hören, sehen und spüren sie?

- Sommerbaum: Linde
  Wer schon einmal im Hochsommer an einer Linde vorbeigegangen ist, erinnert sich an das Summen und Brummen in den Ästen und auf den Blüten. Welche Tiere besuchen die Linde? (siehe Heckenrosenstrauch, S. 62)

- Herbstbaum: Weide
  Die Weide ist ein „weiser" Baum, sie kann sprechen und Menschen wie Tiere fragen sie um Rat: Denn im Herbst verändert sich die Welt, wird still. Die Weide erzählt, wie schön das sein kann.

- Winterbaum: Tanne
  Die Fantasiereise „Baum" (siehe S. 31) kann hier variiert werden. Wird diese Geschichte im Advent behandelt, kann natürlich die Weihnachtszeit thematisiert werden: die Tanne als Weihnachtsbaum etc.

## Ackerstiefmütterchen

Märchenähnliche Geschichten brauchen einige Tage Vorbereitung. Ausgangspunkt kann ein Tier, eine Pflanze oder ein Gegenstand aus dem „Schatzkästchen" sein.

- Überlegen Sie, wie der Gegenstand, das Tier zu seinem Namen und zu seiner Erscheinung gekommen sein könnte.
- Lassen Sie Bilder, Fantasien, Klänge und Dialoge bewusst zu und warten Sie, bis sich das Ganze zu einer Geschichte fügt.
- Wichtig dabei ist, dass die Geschichte als Gleichnis möglichst einen Bezug zum Leben haben sollte. Ausdrücklich ausgesprochen muss das allerdings nicht sein; es genügt, wenn dieser Bezug in die Bilder-Ebene eingeflochten ist.

Hier nun ein Beispiel:
„Es war einmal eine Witwe, die hatte zwei Kinder. Eines Tages heiratete sie einen Witwer, der ebenfalls zwei Kinder mit in die Ehe brachte. Der Mann war fast nie zu Hause, so führte die Stiefmutter das Regiment. Sie selbst trug nur die kostbarsten Gewänder und auch ihren eigenen Kindern gab sie schöne Kleider. Ihre Stiefkinder aber mussten einfache Kittelchen tragen, unscheinbar in Farbe und Muster.
Wenn ihr das Blümchen anschaut, könnt ihr sie alle fünf am Tisch sitzen sehen.
Und wenn ihr es umdreht, könnt ihr erkennen, wie die prachtvoll gekleidete Mutter auf zwei Stühlen (Kelchblättern) thront. Ihre eigenen Kinder sitzen rechts und links von ihr, jedes auf seinem eigenen Stühlchen, während die Stiefkinder zusammen sich ein einziges teilen müssen.
So trägt das Stiefmütterchen seinen Namen zu Recht."
*(Oehlmann, Christl: Garantiert erzählen lernen. Rowohlt, Reinbek 1995, S. 233)*

## Schneckenausflug

Die Kindergärtnerin malt, während sie die Geschichte erzählt bzw. den Kindern zuhört:
Die Schnecke geht ihre Freundin besuchen und erlebt sehr viel auf ihrem Weg. Sie trifft Käfer, Raupen und Schmetterlinge, muss über Steine, zwischen Halmen durch, um eine Wasserlache herum, macht Pause unter einem Pilz. Irgendwann kommt sie ans Ziel, wo ihre Freundin wartet.

Tipp:
Die Schnecke kriecht einen Weg entlang, den die Kinder kennen und den sie auf diese Weise mit neuen Augen betrachten können.

### Der Regenbogen

Lassen Sie die Kinder einen Regenbogen und seine Farben erleben, indem Sie diesen groß über den oberen und mittleren Teil des Blattes malen. Nun entdecken die Kinder diese Farben auch auf der Erde in allen möglichen Gegenständen und Lebewesen. Diese malen die Kinder auf die Erde, also auf den unteren Teil des Blattes. Dabei kann viel erzählt werden.
Und auch mit dem fertigen Bild kann noch eine Geschichte gestaltet werden.

### Vom Tod

Wie der Lauf des Jahres, so läuft auch das Leben: Irgendwann stirbt die Pflanze, das Tier. Und irgendwann kommen die Fragen nach dem Wohin: „Was passiert mit den Blättern im Herbst?" – „Sie fallen von den Bäumen" ist vielleicht für Dreijährige eine befriedigende Antwort, für ältere Kinder ist sie es meist nicht mehr.
Im Herbst fallen die Blätter also zu Boden und werden zu Humus, zu Erde, die neues Leben bringt. Was aber ist, wenn die Erde im Blumentopf austrocknet und die Blume verwelkt ist? Wenn der kleine Moritz vergessen hat zu gießen und ihn nun das schlechte Gewissen plagt? Das ist eine Gelegenheit, bei der manche Kindergärtnerin oder Lehrerin nicht weiß, wie sie reagieren soll. Eine Geschichte kann helfen und dem Kind einen Ausweg bieten, eventuelle Schuldgefühle zu überwinden. Eine Geschichte darüber, wie Pflanzen sterben, wie ein halbes Jahr später neues Leben aus ihrer Zwiebel, aus ihren Samen entsteht.
Der Tod eines Menschen, eines Haustieres oder die Bilder von Toten im Fernsehen: der Tod ist ein Thema – für jedes Kind. Da das Sterben zum Leben

**Kinder und der Tod**

Die Fragen nach dem Tod hängen mit dem Bedürfnis zusammen, „Zeit" verstehen zu wollen.

*Drittes Lebensjahr:* Das Kind hält das Ereignis des Todes für reversibel. Jemand ist weggegangen und kommt dann wieder.

*Viertes Lebensjahr:* Ohne auf besondere Weise zu empfinden, macht sich das Kind begrenzte Vorstellungen vom Tod.

*Fünftes Lebensjahr:* Das Kind versteht, dass der Tod etwas Endgültiges hat. Doch das sachliche Interesse am Totsein herrscht vor. Es ist jene Zeit, in der Kinder viele Fragen stellen.

*Sechstes Lebensjahr:* Erste Gefühlsreaktionen auf Tod und Sterben werden gezeigt. Todesursachen, Beerdigung und Begraben bekommen Bedeutung. Das Kind fürchtet, dass vielleicht die Eltern sterben, glaubt aber nicht, dass es selbst stirbt.

*Siebentes Lebensjahr:* Jetzt vertieft sich das Verständnis. Mitleid mit Sterbenden und Trauernden wird gezeigt. Die ersten Gedanken tauchen auf, was nach dem Tod sein wird. Wohin gehen die Toten, wie werden Beerdigungsrituale und Jenseitsfantasien in Einklang gebracht? Es überlegt auch, ob es am Tod Schuld hat bzw. ob der Tod eine Bestrafung ist, weil der Verstorbene böse mit ihm war. Verlustängste tauchen auf.

*Achtes Lebensjahr:* Jetzt ist dem Kind bewusst, dass alle Menschen, es selbst einbegriffen, einmal sterben. Es sucht nach Gründen dafür. Obwohl es prälogische Überlegungen anstellt, weicht es damit nicht „vor der Wirklichkeit" aus, sondern es reagiert, so gut es kann.

*(Nach: Keyserlingk: Auf einmal, 1997, S. 11 f.)*

dazugehört, sollte man sich nicht scheuen davon zu erzählen, vorausgesetzt der Impuls geht von den Kindern aus. Dann heißt es, sachlich zu bleiben und eine Antwort zu finden, die emotionale Sicherheit gibt. Linde von Keyserlingk hat in ihrem Buch „Da war es auf einmal so still" einige schöne Geschichten über das Sterben und die Trauer gesammelt. Die Kindertherapeutin fordert Erwachsene auf, sich behutsam auf das Interesse der Kinder einzulassen und eigene Gefühle zu berücksichtigen, diese aber für die Kinder altersgerecht aufzubereiten. Denn die Kinder brauchen Zeit, um eine der Grundbedingungen des Lebens zu verstehen. Betroffenes Schweigen hilft ihnen genauso wenig wie ein Zuviel an Information.

> Der Unterschied zwischen erwachsener und kindlicher Logik liegt nicht im Wahrheitsgehalt, sondern in der grundsätzlich verschiedenen Art der Informationsverarbeitung.
>
> *Joseph Chilton Pearce*

## Ideenteil

### Die Hyazinthe

**Inhalt**: Der kleine Moritz kam einmal zu seiner Oma in die Stube und sah ihr eine Weile schweigend beim Bügeln zu. „Du Oma", sagte er schließlich, „kann man Blumen auch begraben?" Die Oma meinte, dass das nicht nötig sei, denn Pflanzen würden im Herbst verwelken und zu Humus werden. Moritz wollte nun genau wissen, wie das funktioniert. Die Oma erklärte es ihm. „Was aber ist, wenn nicht Herbst ist?" Die Oma wurde nun neugierig, worum es eigentlich ging. Da rückte Moritz damit heraus, dass er vergessen hatte, seine Hyazinthe zu gießen. Er beschrieb, wie sie jetzt aussah. „Dann solltest du sie vielleicht doch begraben", antwortete die Oma lachend und rückte ein paar Reste von Weihnachtspapier heraus, weigerte sich aber, die Keksdose als Sarg herzugeben. Moritz begrub die Hyazinthe mit einem von ihm erfundenen Ritual. – Doch im nächsten Frühling geschah ein Wunder. „Oma, Oma", rief Moritz aufgeregt, als er vom Garten hereinkam. „Die Hyazinthe ist wiedergekommen."
*(Nach: Keyserlingk: Auf einmal, 1997, S. 20 f.)*

Tipps:

Wer Geschichten vom Tod erzählen will, sollte ein paar Punkte beachten:

- Fragen Sie immer nach, was das Kind wissen will.
- Vermeiden Sie es, die Wörter „Tod", „sterben" und „tot sein" zu umschreiben! Bei „von uns gegangen" oder „entschlafen" stellen sich Kinder etwas ganz anderes vor: Sie bekommen Angst vorm Schlafen bzw. davor, dass die Mutter weggeht.
- Wahrhaftigkeit ist gefragt, Ausflüchte sind nicht erwünscht.
- Die Geschichten brauchen einen ganz entscheidenden Faktor: den Trost, das warme Gefühl, verstanden zu haben.

### Das Wissen vom Körper

Dreijährigen fehlen oft noch die Begriffe, die einzelnen Körperteile, die Sinnesorgane zu benennen und ihre Funktionen zu beschreiben. Es fehlt ihnen die Sicherheit, das eigene Fühlen in Worten auszudrücken. Körpergeschichten schaffen da Abhilfe. Die Kinder bewegen sich, machen nach, was erzählt wird, und bekommen einen sinnlich erfahrbaren und gleichzeitig kognitiven Blick auf den Körper des Menschen: auf die Gliedmaßen, den Rumpf und den Kopf.
Die vier Grundgefühle Wut, Furcht, Traurigkeit und Freude sind in unserer Gesellschaft nicht alle gleich viel „wert". In den Geschichten erfahren Kinder, wie sie mit ihren Gefühlen umgehen kön-

nen. Ja dass andere sie auch haben und dass man dazu stehen soll.
Das ist es aber nicht allein! Kinder müssen lernen, dass sie stolz sein können auf ihren Körper und dass er ihnen ganz allein gehört. Dass sie ihren Ab- und Zuneigungen trauen können und sie auch zeigen dürfen. Dieses Wissen schützt vor Missbrauch. Egal welche Gefühle sie haben, diese müssen erlebt und benannt werden. Denn in ihrer reinen Form sind sie „deutlich erkennbare Muster körperlicher Empfindungen, die während bestimmter Situationen erfahren werden".
*(Aus: Biddulph: Geheimnis, 1995, S. 75)*

Zu einem guten Körpergefühl braucht es noch anderes: Pflege, Nahrung, Kleidung, Bewegung. Der Körper ist manchmal krank, manchmal erschöpft oder er wird verletzt. Gesundheit spielt bei Kindern eine wichtige Rolle: Sie sind verunsichert, was mit ihnen passiert, wenn sie krank sind. Doch sobald sie einen sprachlichen Zugang haben, können sie besser mit dem Kranksein umgehen. Es reicht, dass sie sich elend fühlen. Da tut es gut, zu erfahren, dass Gesund- und Kranksein zum Menschsein dazugehören.

## Ideenteil

### Wie bewegt sich …?

Die Erzieherin erzählt eine Geschichte, in der drei, vier Begriffe hin und wieder vorkommen. Werden diese Begriffe genannt, müssen die Kinder sich auf eine bestimmte Weise bewegen. Kommt zum Beispiel eine alte Frau vor, humpeln sie, bei einem alten Mann ziehen sie den Hut, kommt ein Arzt vor, klopfen sie auf ihre Brust.

### Lästig

Die Kindergärtnerin oder die Lehrerin erzählt:
„Sonja sitzt mit ihrer Oma im Bus. Sie schaut beim Fenster hinaus, während die Oma mit einem alten Freund tratscht, der hinter ihnen sitzt. Plötzlich zupft jemand an Sonjas Haaren, sie dreht sich um und blickt in das grinsende Gesicht von Omas Freund. Sie lächelt unsicher zurück, dreht sich zum Fenster und schaut weiter hinaus. Da zupft es schon wieder, und dann wieder und wieder. Das mag Sonja gar nicht, sie will doch hinausschauen. Sie wischt die fremde Hand weg wie ein lästiges Insekt. Kurz ist Ruhe, dann zupft es schon wieder. Der Oma fällt das gar nicht auf, aber Sonja ärgert es. Sie sagt laut: ‚Oma, der Mann lässt mich nicht in Ruhe!' Die Oma lacht verlegen, ihr Freund auch – und da zupft er schon wieder. Die Oma sieht, wie sich bei Sonja die Augenbrauen vor Ärger zusammenziehen. ‚Franzl, lass das!', befiehlt sie forsch. Der Freund entschuldigt sich: Er wollte doch nur …, … Ganz egal, was du wolltest. Sonja stört es.' Es tut gut, wenn die Oma einen versteht, denkt Sonja und nickt dem Mann zu. Dann dreht sie sich zum Fenster und genießt es, zuzusehen, wie die Häuser vorbeirasen."

### Räubertreffen

Die Lehrerin erzählt:

„Habt ihr schon einmal genau auf den Löffel geschaut, den ihr in den Mund steckt? Der Clemens macht das immer ganz genau. Sein Papa sagt dann: ‚Bis in den Magen wirst es noch einmal verfolgen, dein Essen.' Eines Tages hörte Clemens, als er runterschluckte, Stimmen. Auf dem Löffel hatte er nichts Besonderes bemerkt. Trotzdem hörte er ganz feine Stimmchen. Eine rief: ‚Hey, wo sind wir jetzt? Da ist es ja ganz finster.' Eine andere: ‚Vorsicht, da ist es rutschig – eine Rutschbahn, hallo! – wo geht's da hin?' Tja, was war da los?

Ein Räubertreffen im Magen! So was. Wie aber kommen die kleinen Räuber wieder raus und was erleben sie auf ihrem Weg durch den Verdauungstrakt?"

### Zahnweh

Gemeinsam entwickeln die Kinder eine Geschichte zum Thema „Johannes hat Zahnweh".

Johannes hat Zahnweh. Die dicke Backe tut ihm schrecklich weh.

- Wie geht es ihm? Alles ist grau, er ist grantig, er will nicht spielen, streitet mit seinen Freunden, ist abends traurig und dieses dumpfe Pochen hört immer noch nicht auf … Da sagt er endlich seiner Mutter, dass ihm der Zahn weh tut.
  Die Mama geht mit ihm zum Zahnarzt. Obwohl Johannes Angst hat, findet er den Zahnarzt nett. Und bald hat er keine Schmerzen mehr.
- Wie geht es ihm nun? Wie sieht nun sein Tag aus?

### Wir sammeln einen Tag

Konnte ein Kind einen Ausflug nicht mitmachen, fehlt ihm ein schönes Erlebnis. Was aber ist, wenn ihm die Kindergärtnerin oder die Lehrerin und die Kinder diesen Tag „sammeln"?
Von dem Ausflug werden verschiedenste Gegenstände mitgenommen. Sie sollen einen Bezug zur Gemeinschaft haben und bestimmte Vorkommnisse symbolisieren: ein angenagter Tannenzapfen steht für ein Eichhörnchen, ein Bierdeckel für die Jausenstation, eine Vogelfeder für das Nest, das die Kinder entdeckt haben …
Die Gegenstände gelten als Erinnerungshilfe: Die Kinder und die Erzieherin erzählen gemeinsam von ihren Erlebnissen.

## „Bub" oder „Mädchen" und die Konsequenzen

Schon im Kindergarten haben die meisten Kinder einen Begriff vom Geschlecht, doch sie machen es nicht körperlich fest. Sie beurteilen es nach dem Aussehen: nach den Haaren und der Kleidung. Zudem glauben sie, dass das Geschlecht willkürlich gewechselt werden kann.

„Welchem Geschlecht jemand angehört, ist eines der wichtigsten zur allgemeinen Charakterisierung eines Menschen herangezogenen Merkmale", heißt es in Peter Rossmanns „Einführung in die Entwicklungspsychologie" *(Rossmann: Entwicklungspsychologie, 1996, S. 106)*. Die Geschlechtszugehörigkeit beeinflusst das menschliche Leben von Anfang an – mittel- und unmittelbar, in vielerlei Hinsicht. Vorstellungen davon, wie ein Mann, eine Frau zu sein hat, wie ein Mann und eine Frau beschaffen sind, das alles bestimmt unser erwachsenes Leben, wirkt auf uns und unsere Gedanken, beeinflusst unser Verhalten, auch unser sexuelles. Bei Frauen sind diese Vorstellungen gerade im körperlichen Bereich auch heute noch höchst diffus.

Der Lehrplan für die ersten beiden Grundschulklassen sieht „Sexualerziehung" vor. Gelernt werden soll, dass die körperliche Beschaffenheit das Geschlecht bestimmt.
Punkt eins in diesem Abschnitt des Lehrplans: „Gewinnen von Informationen über Geschlechtsunterschiede von Mädchen und Bub, Frau und Mann".
Das klingt einfach. Heute hat niemand mehr Probleme, es auszusprechen: Der Bub hat einen Penis, das Mädchen eine Vagina.
Dr. Miriam Stoppard hat 1997 ein vielgekauftes Buch geschrieben, einen Leitfaden für Eltern, wie sie auf die wichtigsten Kinderfragen antworten sollen. Geht es um das Geschlecht, stellt sie bei Mädchen die einleuchtende Frage: Was ist eine Scheide? Antwort: „Eine dehnbare Röhre, die zwischen deinen Beinen in deinen Schoß hineinführt." Auf diese Auskunft muss sich ein Kind verlassen. Es kann ja die Vagina nicht sehen oder fühlen. An der Aussage ist auch nichts Falsches – nur: Diese Auskunft ist nicht vollständig.
Warum benutzen weder Autoren und Autorinnen noch Lehrer und Lehrerinnen das Wort „Vulva"? Jenes Wort, das alles zusammenfasst: die Klitoris, die Labien – beides ist zu sehen und vor allem zu fühlen – und die Vagina. Warum behaupten die meisten Lehrbücher, dass erst die Brüste „sichtbare", weibliche Geschlechtsmerkmale seien? Was bedeutet es für ein kleines Mädchen, ihre Klitoris als die primäre Quelle sexueller Stimulation und sexueller Lust zu erfahren, aber keine Sprache zur Verfügung zu haben, die diese Realität benennt und bestätigt? Und zu guter Letzt: Was hat denn das alles mit dem Geschichtenerzählen zu tun?

Gedanken ohne Inhalte sind leer,
Anschauungen ohne Begriffe sind blind.

*Immanuel Kant*

Vorschulkinder sind besonders bemüht, sich entsprechend der Geschlechtsstereotype zu verhalten. Sie scheinen ständig auf der Suche nach Regeln zu sein, an denen sie sich orientieren können. Haben sie sie gefunden, beharren sie darauf. Das zeitigt manchmal durchaus brutale Auswirkungen: Ein Bub, der den Puppenwagen schiebt, wird vertrieben. Ein Mädchen, das Fußball spielen will, wird vom Platz geekelt.
Zunächst also lernen Kinder die Regeln, dann erst die Ausnahmen. Doch diese Regeln, diese Geschichten, sind nicht unumstößlich, es sind ja Geschichten und diese könnten deshalb heute schon anders ausschauen als noch vor zwanzig Jahren. Frauen sind berufstätig, manche machen sogar Karriere, Männer helfen eventuell bei der Hausarbeit.

Eine Erzählerin, die sich selbst und ihre Umgebung beobachtet, kann Verhaltensweisen unter den Kindern, aber auch unter den Erwachsenen wie ihre eigenen verarbeiten und sie altersgerecht aufbereiten. Ein selbstbewusstes Ich – egal ob weiblich und wild, männlich und gefühlvoll, schwarz, weiß, rot oder gelb, körperlich oder geistig behindert – erlebt gerne spannende Abenteuer, setzt sich mit sich selbst auseinander und hilft den Kindern dabei, sich besser mit ihrem Ich, ihrem Geschlecht, ihrer Hautfarbe, ihrer Behinderung zurechtzufinden.
Wichtig dabei ist, dass die Erzählerin nicht davor zurückschreckt, zu benennen, was oft verschämt verschwiegen wird.

## Ideenteil

### Tiki und Taka

**Inhalt**: Taka ist das größte Mädchen der Welt. Es lebt im Nimmerschlafland. Tiki ist der kleinste Bub der Welt. Er lebt im Immerschlafland.
Taka hätte gern die Nacht und all ihre Geheimnisse gekannt, vor allem aber will sie endlich einmal schlafen. Tiki hingegen möchte gern größer sein und nicht immer schlafen müssen.
Als Taka auf Wanderschaft geht und im Immerschlafland ankommt, trifft sie auf Tiki. Die beiden beschließen ein Land zu suchen, wo beider Wünsche in Erfüllung gehen. Sie wandern um die ganze Erde, bis ein Vogel ihnen erzählt, dass ein böser Zauberer vor langer Zeit die Welt geteilt hat: In einem Teil muss die Sonne immer scheinen, im anderen der Mond. Die beiden machen sich auf die Suche nach dem Zauberer.

- Was erleben sie gemeinsam für Abenteuer?
- Wenn Taka so groß ist, was kann sie tun, das Tiki nicht kann?
- Wenn Tiki so klein ist, was kann er tun, das Taka nicht kann?
- Wie besiegen sie den bösen Zauberer – gemeinschaftlich natürlich?
- Wie verändert sich die Welt und das Leben der beiden Helden?

*(Nach: Tiffeneau: Tiki und Taka, in: Hoppla 1/98)*

# Von der Kunst, Märchen zu erzählen

**Es war einmal eine alte Geiß, die hatte sieben junge Geißlein. Als sie einmal fort in den Wald wollte, sagte sie: „Meine lieben Kinder, nehmt euch in Acht vor dem Wolf und lasst ihn nicht herein, sonst seid ihr alle verloren. An seiner rauen Stimme und an seinen schwarzen Füßen werdet ihr ihn gleich erkennen!" Danach ging sie fort.**
**Nach einer Weile rüttelte jemand an der Haustür und rief: „Macht auf, macht auf, liebe Kinder! Euer Mütterlein ist aus dem Wald gekommen!" …**

Kinder erkennen schon am ersten Satz das Märchen – und sie lieben Märchen. Diese entführen sie in eine andere Welt, eine Welt, die altes, bewährtes Wissen vermittelt: über Jahrhunderte tradiert, verändert und den psychologischen Gegebenheiten angepasst.
Der Streit darüber, ob Märchen, mit all den Grausamkeiten, Brutalitäten und sexuellen Diskriminierungen bzw. „Festschreibungen", für Kinder moderner Gesellschaften als Erzählform geeignet sind, ist mittlerweile unter den Psychologen und den meisten Pädagogen beigelegt worden.
Natürlich stößt Gretel die böse Hexe in den Ofen, aber diese hat es wahrlich verdient. Es ist ein Happyend: Hänsel und Gretel haben sich weiterentwickelt, konnten sich von ihren Ängsten – personifiziert in der Hexe – befreien und kehren gestärkt nach Hause zurück. Der böse Wolf ertrinkt und die befreiten Geißlein tanzen mit ihrer Mutter um den Brunnen herum, in den er gefallen ist. Es wäre wohl traurig um das Selbstwertgefühl der Geißlein bestellt, würde diese Tatsache sie betrüben.
Im Märchen geht es nicht um gesellschaftliche Konventionen und Forderungen, es geht um Gefühle, die „böse" oder „gut" sein können. Es gilt, den Kindern zu helfen, diese Gefühle in ihrem Selbst zu integrieren, mit ihnen positiv umgehen zu lernen.

Märchen sind psychologische Studien, die in Bilder umgesetzt wurden. Hin und wieder sind diese etwas drastisch, dafür stets aussagekräftig. Familiäre Konstellationen, entwicklungsbedingte Schwierigkeiten mit sich selbst und den Mitmenschen, ausweglos scheinende Situationen – das alles erklären Märchen „kindgerecht", d. h. verständlich und tröstend.

Märchen haben klare Worte für beunruhigende Phänomene, geben jeder Figur eine fassbare symbolische Bedeutung und unterhalten ganz nebenbei noch ungemein. Nicht umsonst fordern Kinder, kaum ist die Erzählerin am Ende angelangt: „Noch einmal" … und von manchen Märchen bekommen sie nie genug.

Was für alle Geschichten gilt, trifft also in besonderem Maß auf Märchen zu. Sie müssen ein zwischenmenschliches Ereignis bleiben. Eines, das stilistische Reife mit einfühlendem Erzählen verbindet.

> Wer sich sklavisch an den gedruckten Text eines Buches hält, schmälert den Wert des Märchens.
>
> *Bruno Bettelheim*

## Wie ein Märchen erzählt

Ein Märchen ist für jede Erzählerin eine große Herausforderung. Doch kann diese sich an einer einfachen Struktur festhalten, die sich nach vielfachem Gebrauch herausgebildet hat. Märchen sind klar gegliedert, auf das Wesentliche konzentriert. Ein fein geschliffener Diamant, die Essenz vereint mit dem Inhalt.

Schauen wir uns „Der Wolf und die sieben Geißlein" einmal genauer an. Wie erzählt dieses Märchen?

Zunächst ruft es die Kinder zu sich, lockt sie ins Märchenland. „Es war einmal …" – diese Formel ist das Tor, durch das die Kinder schreiten. Kaum sind sie durch, stehen sie mitten im Haus der alten Geiß. Sie hören, wie die Mutter die Geißlein eindringlich vor dem bösen Wolf warnt; wie sie schließlich geht und die Geißlein allein zurücklässt.

Doch bleibt den Zuhörern keine Zeit, sich genauer umzusehen: Dreimal kommt der Wolf, dreimal versucht er die Geißlein zu übertölpeln, dreimal fordert er sie auf: „Macht auf, macht auf, liebe Kinder! Euer Mütterlein ist aus dem Wald gekommen!" So harmlos die Worte, so infam die Absicht. Zweimal wissen sich die gewitzten Geißlein zu wehren, ihre Mutter hat sie ja vorbereitet. Doch beim dritten Mal öffnen die mittlerweile ungeduldig gewordenen Geißlein die Tür – der Wolf springt herein.

Erschrecken und Panik machen sich breit. Mit einem ganz einfachen, bei Kindern äußerst beliebten stilistischen Mittel, der Assoziation, wird dies vermittelt: „Eins ist unters Bett, eins unter den Tisch, eins hinter den Ofen, eins hinter den Stuhl, eins hinter den großen Milchtopf und eins in den Uhrkasten gesprungen." Alle Einrichtungsgegenstände werden zu Hilfe gerufen, so wie sie die Kinder im Haus sehen, so wie die Geißlein in ihrer Verwirrung springen. Weitere Erklärungen sind nicht nötig. Die kleinen Zuhörer wissen, worum es geht: um Flucht. Der Wolf aber findet alle bis auf eines, das siebente, das kleinste, das sich den Uhrenkasten als Verbündeten gesucht hat – den mächtigsten Verbündeten, die Zeit.

Dem siebenten Geißlein kommt auch eine erzähltechnische Bedeutung zu: Es verbindet den ersten großen Abschnitt mit dem zweiten. Der erste Abschnitt beginnt nach dem Prolog damit, dass die Mutter fort ist, der zweite damit, dass sie wiederkommt. Das Verbindungsglied ist einzig das Geißlein. Außerdem gibt dieses jüngste Geißlein den kleinen Zuhörern jene Hoffnung, die zum Wesen des Märchens gehört: Eines ist nicht verschlungen worden, eines hilft der Mutter „das Böse" zu besiegen.

Psychologisch ist es wichtig, dass nicht die Mutter allein gegen den Wolf kämpft. Was hätte das für

**Symbole im Märchen**

*Wald:* Die unbekannte Außenwelt, das Leben in der Erwachsenenwelt mit seinen gefährlichen und herausfordernden Aspekten.

*Haus:* Meist der Schauplatz des Geschehens. Es gehört mit dem Schloss, der Burg oder der Hütte zu den Symbolen des Mütterlichen. Eine Art zweite, größere Haut, die nicht nur nach vorne oder auf vier Seiten, sondern rundherum, auch oben und unten verschlossen ist. Die Mauern sind dick, sie schützen das Kind.

*Wolf:* Bild für die als unheimlich empfundene sexuelle Triebkraft und Aggressivität, aber auch für die ängstigende Komponente des eigenen Unbewussten.

*Die echte Mutter:* Sie steht für den lebendigen, gesunden Kontakt mit der Natur, für Vertrauen in den eigenen Körper, den Zugang zum eigenen Selbst. Sie hilft mit dem Unbekannten zurechtzukommen.

*(Nach: Pertler, Märchen, 1995, 26 f.)*

einen Sinn? Eine einsam kämpfende Mutter würde „die Geißlein" hilflos halten. Märchen wollen ihre Figuren darin unterstützen, auf kreative Weise mit schwierigen Situationen zurechtzukommen und an ihnen zu wachsen. Dieses kleine Geißlein ist demnach nicht nur die zentrale Figur, sondern auch bestens als Identifikationsfigur für die Kinder geeignet.

Im zweiten Abschnitt berichtet das Märchen, wie es dem Wolf an den Wanst geht. Die Geiß und ihr Jüngstes schlagen zurück: Sie finden den Wolf schnarchend auf der Weide – noch auf ihrem Territorium. In einer ausschließlich der Handlung gewidmeten Sequenz beschreibt das Märchen, wie die anderen Geißlein gerettet werden und wie alle gemeinsam Wackersteine in den Bauch des Bösewichts füllen. Danach wechselt die Perspektive: Der Wolf erwacht, hat Durst und will zum Brunnen. Doch was ist das? Ein Reim? Ja, der Reim, den nahezu jede Erwachsene noch weiß, sofern ihr dieses Märchen als Kind erzählt wurde:

„Was rumpelt,
und pumpelt,
in meinem Bauch?
Ich hab gemeint, ich hab junge Geißlein drein,
Und jetzt fühlt sich's an wie Wackerstein!"

Raffiniert erinnert das Märchen an körperliche Befindlichkeiten und schafft ein Bild, das jedes Kind versteht: Wie war das letztens, als die Zwetschken im Bauch rumorten?

Ein anderes für Kinder leicht nachvollziehbares Bild ist der Freudentanz der Geißen um den Brunnen herum. Sie singen: „Der Wolf ist tot, der Wolf ist tot", nachdem selbiger in den Brunnen gefallen ist. Es ist eine Beschwörungsformel, ein Ritual, das das psychologische Ziel noch einmal zusammenfasst: das Ängstigende, das Gefährliche, das Beunruhigende zu überwinden und an diesem Prozess zu wachsen. Es ist die Begeisterung über die eigenen Entwicklung, die sie tanzen und singen lässt.

Dieses Märchen vereinigt eine klare, durchschaubare Struktur mit allen Stilmitteln, die eine Geschichte zum Ereignis machen.

## Wie Märchen und Geschichten erzählt werden

Diverse Stilmittel und eine klare Gliederung sind jene Ingredienzen, die jede Erzählerin braucht, egal ob sie ihre Geschichten selbst erfindet oder Althergebrachtes neu gestaltet. Dies und eine Vielzahl erzählerischer Tricks lassen sich gut an Märchen üben. Ein solches für die Kinder aufzubereiten, braucht etwas Zeit, doch lohnt es sich allemal: Nicht nur weil die Kinder begeistert zuhören, sondern weil ein Märchen über viele Wochen immer wieder abgeändert werden kann. Neue Perspektiven eröffnen sich, es ergeben sich andere Schwerpunkte, auch gegen eine schlichte Wiederholung wird keines der Kinder etwas einwenden. Sie werden diese sogar einfordern.

Prolog: Die Geiß geht fort.
- warnt ihre Kinder vor dem Wolf
- raue Stimme, schwarze Füße
- Geiß geht in den Wald

1. Abschnitt: Die Geiß ist weg, der Wolf kommt.
- dreigeteilt, jeder Teil wird durch die Frage des Wolfes eingeleitet
- beim dritten Mal machen die Geißlein die Tür auf – feine Stimme, weiße Füße
- assoziativ bei den Verstecken vorgehen, Jüngstes in den Uhrenkasten
- Wolf verschlingt sechs Geißlein, trollt sich

2. Abschnitt: Die Geiß kehrt heim.
- Sie ruft ihre Kinder.
- Jüngstes meldet sich, erzählt, was passiert ist
- Rettung der Geißlein mit Hilfe des Jüngsten, Schere, Zwirn und Nadel, Wackersteine (Begriff!)
- Wechsel der Perspektive: Wolf geht zum Brunnen
- Reim: Was rumpelt und pumpelt .....
- Wolf fällt in den Brunnen

Epilog: Freudentanz um den Brunnen
- wieder ursprüngliche Perspektive
- "Der Wolf ist tot, der Wolf ist tot!"

Die Kindergärtnerin oder die Lehrerin liest sich zunächst das Märchen sorgfältig durch und notiert Gliederung, Handlungsverlauf, Stilmittel und die Sprache der Figuren (siehe Beispiel).
Es gilt, die Kernaussage herauszufiltern: Was will das Märchen? Darauf baut alles weitere auf.

**Tipps zur Vorbereitung:**
- Märchen mehrmals langsam lesen
- Handlungsverlauf kurz notieren
- In Abschnitte zerlegen
- Verschiedene Perspektiven durchdenken und ebenfalls notieren
- Wiederkehrende, typische Begriffe und Redewendungen, Reime, Verse etc. auswendig lernen
- Gibt es eine andere Version? Was ist anders? Wie verändert sich dadurch die Kernaussage?
- Einmal in Gedanken das Märchen „erleben", den Bildern folgen, versuchen, es aus dem Blickwinkel von Kindern zu verstehen

### Das Tor

Sind die grundsätzlichen Fragen geklärt, überlegt man sich im nächsten Schritt die Gestaltung. Kinder lieben es anschaulich. „Es war einmal ..." und „In alter Zeit, da das Wünschen noch geholfen hat ..." sind Einstiegsformeln, die jedes Märchen verwendet. Doch bekommen sie eine besondere Bedeutung, wenn das Tor zum Märchenland „real" wird: Ein großer „goldener" Schlüssel, ein Torbogen aus Girlanden, die Überquerung eines Polsterberges oder das Durchschreiten eines Regenbogens – das alles stimmt die Kinder ein: Vielleicht kann sogar eines der Kinder das Tor mit dem Schlüssel öffnen (und ein anderes darf es am

Ende wieder schließen). Somit gibt es einen symbolischen Beginn, der die Kinder darauf aufmerksam macht, dass nun etwas Erregendes folgen wird.
Die Erwartung steigert sich noch, wenn die Kindergärtnerin oder die Lehrerin ein Objekt mitbringt und in die Mitte des Raumes stellt. Ein Objekt, das die Kinder im alltäglichen Zusammenhang kennen, das nun aber eine neue Bedeutung bekommt, indem es auf die Geschichte, auf das Märchen hinweist. Ein Topf z. B. mit Kochlöffel und Deckel für das Märchen „Der süße Brei" (siehe Anhang), ein großer Stein als Wackerstein und ein selbst gebastelter kleiner Nachen aus einer Nussschale für „Eine Brücke übers Meer" (siehe Anhang). Über diese Gegenstände lässt sich ebenso rätseln und mutmaßen wie über jene fremden Begriffe, die die Kindergärtnerin oder die Lehrerin vorneweg erwähnt. Welches Kind kennt heute noch ein Spinnrad, eine Spindel oder ein Weberschiffchen? Manche Redewendungen der Märchen sind veraltet, nicht mehr im Gebrauch, manche Wörter besonders schwierig. Zwei oder drei Wörter, die sich nicht aus dem Zusammenhang erklären, können vorher diskutiert werden. Die Kinder erarbeiten sich gemeinsam mit der Erzieherin neue Begriffe und erhaschen gleichzeitig einen ersten Blick auf das Nachfolgende – die Geschichte.

Bei einem Tor geht man nicht nur hinein, man muss auch irgendwann wieder hinausgehen. „Und wenn sie nicht gestorben sind ..." schließt das Märchen und entlässt die Kinder in die Realität. Doch wer will schon so schnell und abrupt aus dieser Welt der Fantasie hinausbefördert werden?
Die Bilder wirken nach, Wörte hallen wider und ein Gefühl von Zufriedenheit macht sich breit. Kinder brauchen einen Moment der Ruhe, um zu sich zu kommen. Sie sind überwältigt und wollen noch nicht in die „reale Welt" entlassen werden. Einfache Vertiefungsfragen, die nach einer angemessenen Pause von der Kindergärtnerin oder der Lehrerin gestellt werden, helfen ihnen dabei, die Geschichte noch einmal Revue passieren zu lassen und sie in Erinnerung zu erleben. Das Märchen wird verarbeitet, integriert. Die Erzieherin bekommt dadurch einen Einblick, was den Kindern besonders gefallen hat, welche Figur sie mögen, welche nicht und warum das so ist.
Einfache Fragen sind solche nach der Lieblingsfigur, nach jenen Stellen, die den Kindern gut gefallen haben, nach den Motiven, nach seelischen Zuständen, Begriffen und Verhaltensweisen der Figuren. Die Größeren lieben es schon schwieriger: Vielleicht lässt sich das Märchen aus der Sicht einer anderen Figur erzählen. Oder eine Lebensregel regt die Kinder zu Beispielen an. Ganz lustig sind Geschichten über alternative Hand-

**Tipps zur Nachbearbeitung:**

- Erzählen Sie das Märchen niemals nach. Lassen Sie es wirken!
- Lassen Sie die Aufgabenstellung für die Nachbearbeitung möglichst frei, z. B.: „Ihr dürft malen, was euch am besten gefallen hat."
- Kinder beobachten, behutsam führen, dezente Anregungen geben
- Ein vielseitiges Angebot an Materialien zur Verfügung stellen
- Fragen zum Märchen: Formulieren Sie so allgemein wie möglich, z. B.: „Wie haben die Geißlein den Wolf besiegt?"

lungsweisen für die einzelnen Märchenfiguren. Wie würde sich der Lauf des Märchens „Eine Brücke übers Meer" verändern, wenn der Seehund sich vom Fuchs nicht dazu überreden ließe, die anderen Tiere des Meeres zu rufen? Was müsste der Fuchs tun, um ans Ufer zu gelangen?
Zu guter Letzt, nachdem genug gefragt und geantwortet wurde, kommen die Sinne zu Wort: Der Brei im Topf wird gemeinsam verspeist, der Wackerstein pantomimisch im Brunnen versenkt oder es wird eine Brücke aus Kindern gebaut, über die „der Fuchs" laufen kann. Geht schließlich ein Kind durch das Tor zur Realität, können die anderen ihm leichten Herzens folgen.

## Ideenteil

### Märchenwolle

Material: ungesponnene Wolle (Wollvlies) in vielen Farben, mehr Grün- und Blautöne als Rottöne, Beige oder Wollweiß für die Gesichter, raues Gewebe (Filz, Sackleinen etc.) als Unterlage
Mit dieser Wolle lässt sich alles legen, was Kinder sonst malen würden. Aus den Wollvlies-Bällchen werden kleinere Teile gezupft und ganz dünn auseinandergezogen: Die Fleckchen sehen dann wie ein Schleier aus. Sie lassen sich in verschiedenen Farben übereinanderlegen, verschieden variieren und auch wieder wegnehmen.
Die Bilder haften fest, auch wenn man sie an die Wand hängt.
Besonders gut geeignet für Kinder, die nicht so gerne malen.

### Märchensocken

Material: verschiedenfarbige Socken, Karton, Klebstoff, Knöpfe, Stoffreste, Perlen, Wolle und Ähnliches
Die Socken werden folgendermaßen vorbereitet: Ein Oval pro Socke aus dem Karton ausschneiden. Dieses soll maximal so breit wie die Socke sein;

einmal in der Mitte falten. Die Innenseite der Socke nach außen stülpen und ganz flach drücken, sodass die Naht bei den Zehen von links nach rechts geht. Jetzt die Innenseite des Kartons mit Klebstoff bestreichen und die Socke zwischen den Falz pressen. Ist der Kleber getrocknet, wird die Socke wieder auf die rechte Seite gestülpt.
Jedes Kind gestaltet mit den verschiedenen Materialien seine Märchensocke nach einer Figur, die ihm besonders gefallen hat. Damit lassen sich kleine Rollenspiele inszenieren und heftige Diskussionen zwischen den verschiedenen Figuren entfachen.

### Legen

Material: Legeblättchen aus Holz, bunt lasiert (Quadrate, Scheiben, Stäbe, Ringe), Spielsteine aus Kunststoff in verschiedenen Größen und in den Grundfarben, einige Naturmaterialien, Glasperlen, Kerzen, Tücher aus Baumwolle, selbst geschnittene Streifen aus Papier …
Als Unterlage wird eine lange Stoffbahn verwendet: „Märchenhaft" wirken Seide oder Samt. Aus dem Material legen die Kinder Bilder. Danach oder währenddessen erzählen sie, was sie an dem Märchen besonders beeindruckt hat.

## Stilmittel

In diesem Abschnitt geht es um Tricks von Geschichtenerzählern. Es ist kein Zufall, dass dieses Thema erst am Schluss dieses Buches behandelt wird. An den kleinen Kniffen wird meist die erzählerische Fertigkeit gemessen. Doch dies ist schon ein Kapitel über die Meisterschaft. Etwas, das von selbst kommt, durch Übung. Je öfter die Kindergärtnerin oder die Lehrerin erzählt und anderen zuhört, desto eher traut sie sich zu, in ihren Geschichten zu experimentieren. Aus eben diesen Versuchen resultieren jene Kniffe, die alltägliches Erzählen zur Kunst, zum spannenden Erlebnis machen.

Erfahrung macht die Erzählerin! Es nützt nichts, im Trockenstudium stilistische Möglichkeiten zu erwägen, die eventuell die Geschichte straffen oder spannender machen könnten. Die Spannung ergibt sich aus dem Dialog. Theoretisch vorbereiten ist gut, es auszuprobieren und zu experimentieren ist besser. Das theoretische Rüstzeug dazu eignen sich die meisten durch Lesen an. Versuchen Sie es einmal mit Zuhören. Wie erzählen die Menschen in Ihrer Umgebung, wie die Kinder?

Unsere Hausmeisterin z. B. spricht ohne Punkt und Komma, ihre Lieblingsphrase, die sie am Beginn und am Ende jedes Satzes einflicht, ist „Ich sag ja immer …". Solche Phrasen werden in Märchen verwendet, um Figuren zu charakterisieren. Kinder wissen das, sie orten den Rhythmus der gesprochenen Sprache schnell: Sie erfahren dadurch, wer kommt, woher die Gefahr droht, weil sie die Phrase „Macht auf, macht auf, liebe Kinder!" nach mehrmaliger Wiederholung zuordnen können.

Dieses stetige Wiederkehren von bestimmten Phrasen hat noch einen anderen Effekt: Die Phrasen strukturieren die Geschichte, steigern die Spannung und kommen dem seelischen Bedürfnis der Kinder entgegen, Sicherheit aus Regeln zu beziehen. Dabei müssen die Fantasiewesen weder die Wahrheit sagen noch alles wissen. Das erwarten die Kinder gar nicht. Sie wollen eine Geschichte, in der die Spannung langsam gesteigert wird. Darum soll das Geheimnis, der Kern, nur stückweise gelüftet werden. Kleine Perspektivenwechsel helfen bei diesem Vorgehen: Vielleicht weiß eine andere Figur mehr? Doch meist antwortet diese verklausuliert, versteckt sich hinter einem Reim oder Vers:

„… da kamen bei Nacht, ehe man's gedacht,
die Männlein und schwärmten
und klappten und lärmten
und rupften und zupften
und hüpften und trabten
und putzten und schabten.
Und eh' ein Faulpelz noch erwacht,
war all sein Tagewerk bereits gemacht."

Hier wird der Reim durch die Aneinanderreihung von Verben vorangetrieben – Beweglichkeit wird zur Potenz. Jedes Kind kann sich vorstellen, wie schnell, wie viel die Heinzelmännchen arbeiteten und wie klein ihre Füße, ihre Händchen sind.

Verse sind vergleichbar mit einer schnellen, treffenden Skizze: Mit wenigen Worten wird die Quintessenz eines Bildes, einer Erfahrung beschrieben, die ein langer Satz niemals so pointiert wiedergeben könnte.

> Sprachspielereien haben das Ziel, Sprache und Rhythmus, Sprache und Bewegung, Sprache und Spiel so zu verknüpfen, dass Sprache zum unmittelbaren gemeinsamen Erlebnis für alle Kinder werden kann.
>
> *Nicole Baumann, Kindergärtnerin*

**Mimik und Gesten**

Kinder hören nicht nur zu, sie beobachten genau die Veränderungen im Gesicht der Erzählerin und verfolgen die regen Bewegungen der Hände. Aus der Mimik beziehen sie viele zusätzliche Informationen, die der Text allein nicht liefert. Probieren Sie es einmal aus! Sagen Sie im besten Beschwörungston „Ruckediguck, Blut ist im Schuck. Der Schuck ist zu klein, die rechte Braut ist noch daheim" und schauen Sie sich dabei im Spiegel zu. Plustern Sie sich auf, wie es gurrende Tauben tun? Vermitteln Sie, wie empört Sie sind, weil der Prinz die falsche Braut hat?

**Stilmittel**

- Phrase, die eine Figur charakterisiert
- Wiederholung von Situationen, Phrasen, Worten
- Kleiner Perspektivenwechsel
- Reim oder Vers
- Beschwörungsformel

Liegt im Vers die Bewegung, hält sich in den Beschwörungs- und Zaubersprüchen die Spannung. Dort wird sie gesteigert, manchmal bis ins „Unerträgliche". Solche Formeln sind schnell erfunden: Ändert die Kindergärtnerin oder die Lehrerin ein paar Vokale, wird aus „Abrakadabra" „Ibrikidibri". „Krawuzikapuzi", „Besen, Tresen, bist gewesen" und andere Kreationen entstehen durch das Experimentieren mit Wörtern und Lauten. Egal wie unsinnig sie sind, deutlich, leise und beschwörend gesprochen halten diese Sprüche die Kinder in Bann. Sie kündigen eine plötzliche Veränderung an.

Manche dieser Veränderungen lassen sich gut assoziativ bzw. dissoziativ beschreiben. Wird ein Kind in eine Flasche hineingezaubert, ergibt der etwas andere Blick auf die Umgebung eine neue Sicht auf die Welt. Dabei kann die Erzählerin assoziativ vorgehen. Schwebt das Kind als Adler verwandelt hoch oben in den Lüften, sieht es die Welt dissoziativ, das heißt, es ist gefühlsmäßig weniger tangiert.

**Ausklang …**

An diesen Beispielen zeigt sich, dass der Einsatz von Stilmitteln bestimmt, welche Rolle, welche Perspektive die Erzählerin für ihre Geschichte gewählt hat. Vieles ergibt sich einfach aus der Situation heraus, von selbst. Die Kunst, eine Geschichte zu erzählen, liegt in der Person der Erzählerin. Sie erweckt diese nicht mit angelernten Stilmitteln, sondern mit ihrem Charakter, ihrer Erfahrung und ihrem Wissen über das Leben. Sie wird zu „La Loba", der Wolfsfrau. Jener Frau, die Wölfe zurückbringt ins Leben. In einer Geschichte für Erwachsene:

**La Loba, die Wolfsfrau**

„An einem verborgenen Ort, den alle kennen, der aber nur wenigen Menschen zugänglich ist, lebt eine alte Frau. Es heißt, dass sie in einer Berghöhle zwischen den Steilhängen des Tarahumara-Indianerreservats haust, andere behaupten, sie am Rande des Highway bei El Paso gesehen zu haben, und wieder andere, sie sei in einem verbeulten Lastwagen mit zerschossenem Rückfenster in der Nähe von Oaxaca Richtung Süden gefahren. Die Alte hat viele Namen: La Huesaera, die Knochenfrau, La Trapera, die Fängerin, aber vor allem wird sie La Loba genannt, die Wolfsfrau. Sie kriecht tief gebückt durch die Arroyos, die ausgetrockneten Flussbetten, und klettert über die Bergkämme, dabei sucht sie unter jedem Strauch und Stein nach den Gebeinen toter Wölfe. Und wenn sie ein vollständiges Skelett zusammengetragen hat, wenn der letzte Rückenwirbel sich am

rechten Platz befindet und das Wolfsgerippe schön säuberlich geordnet vor ihr im harten Wüstensand liegt, dann lässt sie ihre faltigen Hände darüber schweben und singt.
Und dann dauert es nicht mehr lange, bis eine Spur von Fleisch über den Knochen sichtbar wird, bis Haut und Fell das Fleisch überzieht. La Loba singt und die Kreatur unter ihr nimmt zusehends Gestalt an.
La Loba singt weiter, bis der Wolf zu atmen beginnt. Lauter und tiefer wird ihr Gesang, so tief, dass die Bergwände zittern, und während sie noch so herrlich singt, öffnet der Wolf seine Augen, springt auf und rast durch den Canyon davon.
Auf und davon. Nur wer Augen hat, die das Geschöpf bis zum fernen Horizont verfolgen können, sieht, dass er sich von einem Moment zum anderen wieder verwandelt und die Gestalt einer Frau annimmt – einer Frau, die hinter dem Horizont verschwindet."
*(Estés, Clarissa Pinkola: Die Wolfsfrau. Die Kraft der weiblichen Urinstinkte. Heyne, München 1996, S. 30 f.)*

## Der süße Brei

Es war einmal ein armes, herzensgutes Mädchen, das lebte mit seiner Mutter allein und sie hatten nichts mehr zu essen. Da ging das Kind in den Wald, da begegnete ihm eine alte Frau, die wusste seinen Jammer schon und schenkte ihm ein Töpfchen, zu dem sollte es sagen: „Töpfchen, koche!", so kochte es süßen Hirsebrei. Und wenn es sagte: „Töpfchen, steh'!", so hörte es wieder auf zu kochen. Das Mädchen brachte den Topf seiner Mutter heim und nun waren sie ihrer Armut und ihres Hungers ledig und aßen süßen Brei, so oft sie wollten.
Auf eine Zeit war das Mädchen ausgegangen, da sprach die Mutter: „Töpfchen, koche! Da kochte es und sie aß sich satt; nun wollte sie, dass das Töpfchen wieder aufhören sollte, aber sie wusste das Wort nicht. Also kochte es fort und der Brei stieg über den Rand hinaus und kochte immerzu, die Küche und das ganze Haus voll und das zweite Haus und dann die Straße, als wollt's die ganze Welt satt machen, und es herrschte die größte Not und kein Mensch wusste sich da zu helfen. Endlich, wie nur noch ein Haus übrig war, da kam das Kind heim und sprach nur: „Töpfchen, steh", da hörte es auf zu kochen; und wer wieder in die Stadt wollte, der musste sich durchessen.
*(Nach: Grimm, in: Märchenbuch, 1992, S. 36)*

## Eine Brücke übers Meer

„Ein Maul voll Fische würde mir munden!", dachte der Fuchs und sah sich um. Den Fluss herunter kam ein Baumstamm geschwommen. Darauf saßen zwei Möwen.
„Möwen, was macht ihr da?", fragte der Fuchs.
„Wir fangen Fische!"
„Ach, nehmt mich doch mit. Ich esse auch gern Fische."
„Spring nur zu uns herüber!"
Der Fuchs sprang. Aber der Baumstamm drehte sich. Die Möwen flogen davon und der Fuchs fiel ins Wasser. Als er sah, dass um ihn herum nur noch Wasser war, sagte er zu seinen Pfoten: „Seid meine Ruder!" und zu seinem Schwanz: „Sei jetzt mein Steuer!"
Da bewegten sich seine Pfoten wie Ruder und der Schwanz schwenkte wie ein Steuer hin und her und her und hin ... Wie wenn er in einem Boot säße, schwamm der Fuchs. Nur hatte er leider vergessen, dem Schwanz zu sagen, wohin er steuern sollte. Und so schwamm er und schwamm schließlich aufs offene Meer hinaus.
Da traf er einen Seehund. Der sprach: „Ei, Fuchs, wo kommst du denn her? Du hast dich wohl verirrt?"
„Ich weiß, wohin ich schwimme", erwiderte der Fuchs. „Ich wollte nur einmal sehen, ob es im Meer auch noch Tiere gibt. Wie man hört, sollen hier nur noch ein paar übrig geblieben sein."
„Nein, nein, es gibt viele Tiere im Meer", antwortete der Seehund.
„Mag sein. Aber was ich nicht sehe, kann ich mir immer schlecht vorstellen. Kommt doch mal alle nach oben und legt euch nebeneinander aufs Wasser, damit ich euch zählen kann!", sagte der Fuchs.
„Warum nicht?", erwiderte der Seehund und rief die Tiere.
Die Seehunde, Walrosse und Wale tauchten aus dem Meer auf und sammelten sich an der Oberfläche des Wassers. Eins neben dem anderen. Bis zur fernen Küste reichte die Reihe. Der Fuchs freute sich. „Ein Seehund, zwei Seehunde, drei Seehunde ..., ein Walross, zwei Walrosse, drei Walrosse ..., ein Wal, zwei Wale, drei Wale ..."
Er zählte und zählte und lief dabei über die Rücken der Tiere, sprang schließlich ans Ufer und rief: „Danke schön! Seehund, du hast die Wahrheit gesagt. Es gibt wirklich noch viele Tiere im Meer, so viele, dass man aus ihnen eine Brücke bauen kann – von der Mitte des Meeres bis zur Küste.

Schwimmt nun, wohin ihr wollt. Ich aber will mich ausruhen."

*(Nach: Eine Brücke übers Meer. Ein sibirisches Märchen, aufgeschrieben von Anne Geelhaar, in: Vorholt: Bausteine Kindergarten, 1993, S. 110)*

## Die Sonne

Eine Übung für die angehende Erzählerin

Aus folgenden Informationen können Sie sicher eine der Sache gerechte, spannende Geschichte machen. Ein Cluster (siehe Seite 58) hilft Ihnen dabei.

Die Sonne ist das Zentralgestirn unseres Sonnensystems. Sie ist ein Fixstern, der sich nicht bewegt. Dass wir glauben, sie bewege sich doch, hängt mit der Erde, auf der wir leben, zusammen: Die Erde nämlich dreht sich zum einen um ihre Achse und bewirkt so den Wechsel von Tag und Nacht. Zum anderen dreht sie sich um die Sonne: Darum gibt es die Jahreszeiten. Ein ganzes Jahr braucht die Erde, um einmal die Sonne zu umkreisen.
Auf dem Teil der Erde, der der Sonne zugewandt ist, haben wir Tag, auf dem anderen Nacht. Da sich die Erde ständig dreht, kommen immer wieder andere Teile unserer Erde in den Licht- bzw. Schattenbereich. Am Stand der Sonne können wir erkennen, was für eine Tageszeit ist. Die Sonne geht im Osten auf, dann ist Morgen, sie wandert weiter gen Süden, den höchsten Stand erreicht sie zu Mittag und im Westen geht sie unter – am Abend.
Neben der Sonne ist der Mond für uns der wichtigste Himmelskörper. Er bewegt sich um unsere Erde, ist ihr Begleiter. Oft nennt man ihn Satellit oder Trabant. Er bekommt sein Licht von der Sonne, das er wieder zurückstrahlt, reflektiert. Deshalb erscheint er uns auch in verschiedenen Mondphasen. Wenn der Mond zwischen Erde und Sonne gerät, sieht man ihn von der Erde aus nicht, weil er uns seine unbeleuchtete Seite zeigt. Danach „nimmt er zu", das heißt, am rechten Rand können wir eine schmale Mondsichel erkennen. Befindet sich die Erde zwischen Sonne und Mond, wird die ganze Mondfläche beleuchtet, die wir von der Erde aus sehen können. Es ist Vollmond. Danach „nimmt er wieder ab". Der Mond braucht für einen Umlauf um die Erde 29,5 Tage. Die unterschiedlichen Stellungen des Mondes zur Erde sind auch für die Gezeiten der Meere verantwortlich. 1969 fand die erste Mondlandung statt.

Tipp:
- Die Sonne ist ein freches Mädchen mit jeder Menge Sommersprossen auf ihrer Nase. Sie will nicht stillsitzen, sie will etwas erleben!
- Sonne, Mond und Erde streiten sich. Sie beschließen sich zu trennen.
- Der Mond ist traurig: Er denkt, er habe keine Freunde. Sogar das Licht der Sonne bleibt nicht bei ihm.

## Una, das durchsichtige Gespenst – eine Sachgeschichte

Thema für den Kindergarten: Farben
Thema für die Schule: Farbspektrum des Sonnenlichts, Spektrallinie

In Burg Scheuerstein lebt das kleine Gespenst Una. Es spukt nächtens durch die Gänge, die Säle und den Keller. Manchmal entwischt es auch in den Garten. Dorthin darf es eigentlich nicht, weil es sich ja schmutzig machen könnte. Auf Burg Scheuerstein aber darf man sich nicht schmutzig machen. „Hier spuken nur blitzblank weiße Gespenster", wird Tante Martha, der Schrecken vom Kaminzimmer, nicht müde zu betonen.
Doch Una hört nicht auf sie: Una spielt im Garten mit der Erde, sie streicht um die schwärzesten Mauerecken in den Kellern und klirrt mit den rostigsten Ketten im Rittersaal. Am liebsten aber nascht Una von der Erdbeersoße und vom Mohr im Hemd. Das Schlagobers aber, das lässt sie stehen. Sie mag es nicht, weil es so weiß schmeckt. Wie Grießbrei oder Jogurt. Weiße Sachen muss Una sowieso jeden Tag essen: Weiß macht nämlich keine Flecken auf einem blitzblank weißen Gespenst.
Eines Tages, als Una es besonders bunt treibt, ist sie plötzlich kein blitzblank weißes, kein blank weißes und schließlich ist sie auch kein weißes Gespenst mehr. Ganz bunt ist Una: braun und rot und schwarz und grün. – Brrrr.
Tante Martha schreit entsetzt auf, als sie das schmutzige kleine Gespenst sieht. Sie schnappt Una und steckt sie in die Badewanne, die gefüllt ist mit Spezial-Gespensterspülmittel. Da nützt kein Wehklagen, kein Geschrei und kein Jammern: Una muss in der Wanne bleiben. „Bis zum Morgen", knurrt die Tante.
Una weint: „Ich möchte ein buntes, ein ganz buntes Gespenst sein!" Sie bittet und bettelt.
„Schluss jetzt", sagt die Tante und geht.
Traurig bleibt Una zurück. Sie beobachtet, wie ein Fleck nach dem anderen verschwindet: zuerst die braunen, dann die roten, dann die schwarzen und die grünen. Una ist so traurig, dass sogar ihr Weiß verblasst.
Als die Tante am Morgen zur Wanne schwebt, kann sie Una nicht entdecken. „Una, wo bist du?",

ruft sie und rührt besorgt mit dem großen Löffel im Badewasser mit dem Spezial-Gespensterspülmittel.
„Hier bin ich, Tante!", schluchzt Una. Die Tante beugt sich zur Badewanne herunter: „Wo? Ich kann dich nicht sehen!"
Da steigt plötzlich eine riesige, durchsichtige Seifenblase in die Höhe.
In diesem Moment schickt die Sonne ihre ersten Strahlen durch das Burgfenster. Die Strahlen treffen auf Unas durchsichtiges Seifenkleid. Das Sonnenlicht birgt viele Farben in sich und so schillert Unas Kleid plötzlich in allen Farben: Die ganz kurzen Strahlen leuchten violett auf, die etwas längeren blau, dann kommen die grünen, die gelben, die orangen und die roten Strahlen.
„Ich bin bunt, schau Tante, wie bunt ich bin!", jubelt Una. Ach, ist das eine Freude: Sie erstrahlt in allen Farben wie noch nie ein Gespenst zuvor.
Da gibt es ein sanftes „Plopp" – und aus Una regnet es viele kleine, bunte Gespenster.

**Tanta Marthas Spezial-Gespensterspülmittel**

**Material:** ein großer Eimer, 125 g Puderzucker, eineinhalb Liter destilliertes Wasser, 30 ml Glyzerin, ein halber Liter Geschirrspülmittel
Der Puderzucker wird in einem halben Liter warmem destillierten Wasser aufgelöst. Das Glyzerin und das Geschirrspülmittel werden beigefügt, dann kommt das restliche Wasser dazu.
Die Lauge vor dem Gebrauch ruhen lassen!

**Una**
**Material:** Spezial-Gespensterspülmittel, Draht und Baumwollfäden
Die Erzieherin biegt aus dem Draht einen großen Ring mit Griff. Er sollte in den Eimer mit dem Spezial-Gespensterspülmittel passen. Den Drahtrand umwickelt sie mit den Baumwollfäden. Die Kinder dürfen diesen Ring in den Eimer tunken. Die Baumwollfäden saugen sich mit der Seifenblasenlauge voll und im Ring bildet sich eine Seifenhaut. Ziehen die Kinder den Ring mit viel Schwung durch die Luft, fliegt Una los.

Tipp:
Für kleine Gespenster genügen auch Daumen und Zeigefinger beider Hände. Die Hände müssen dazu komplett in die Seifenblasenlauge getaucht werden. Statt des Drahtringes kann man auch einen Trichter aus der Küche verwenden.

VOLL

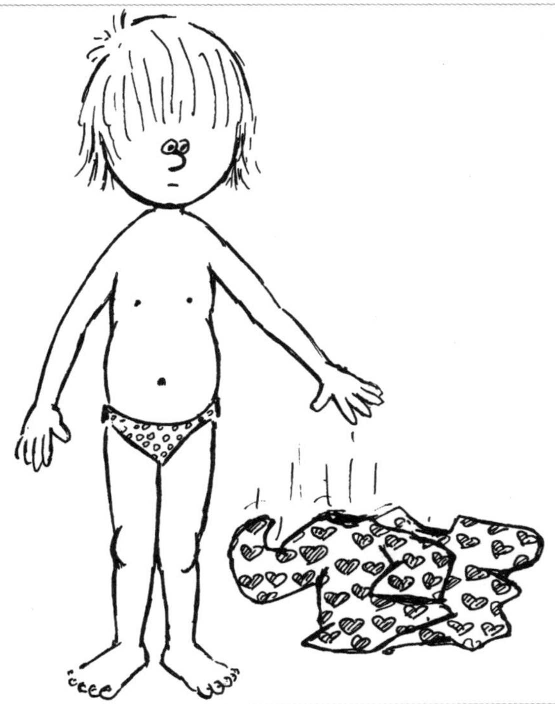

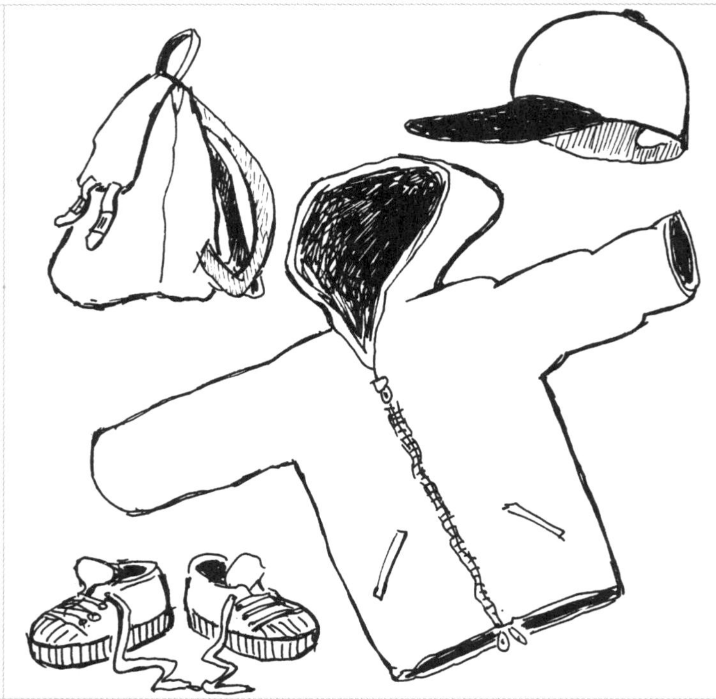

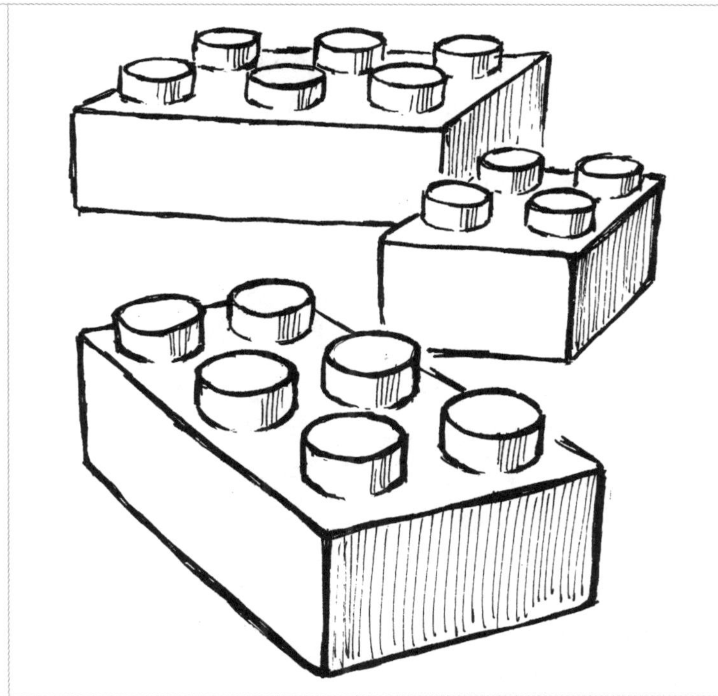

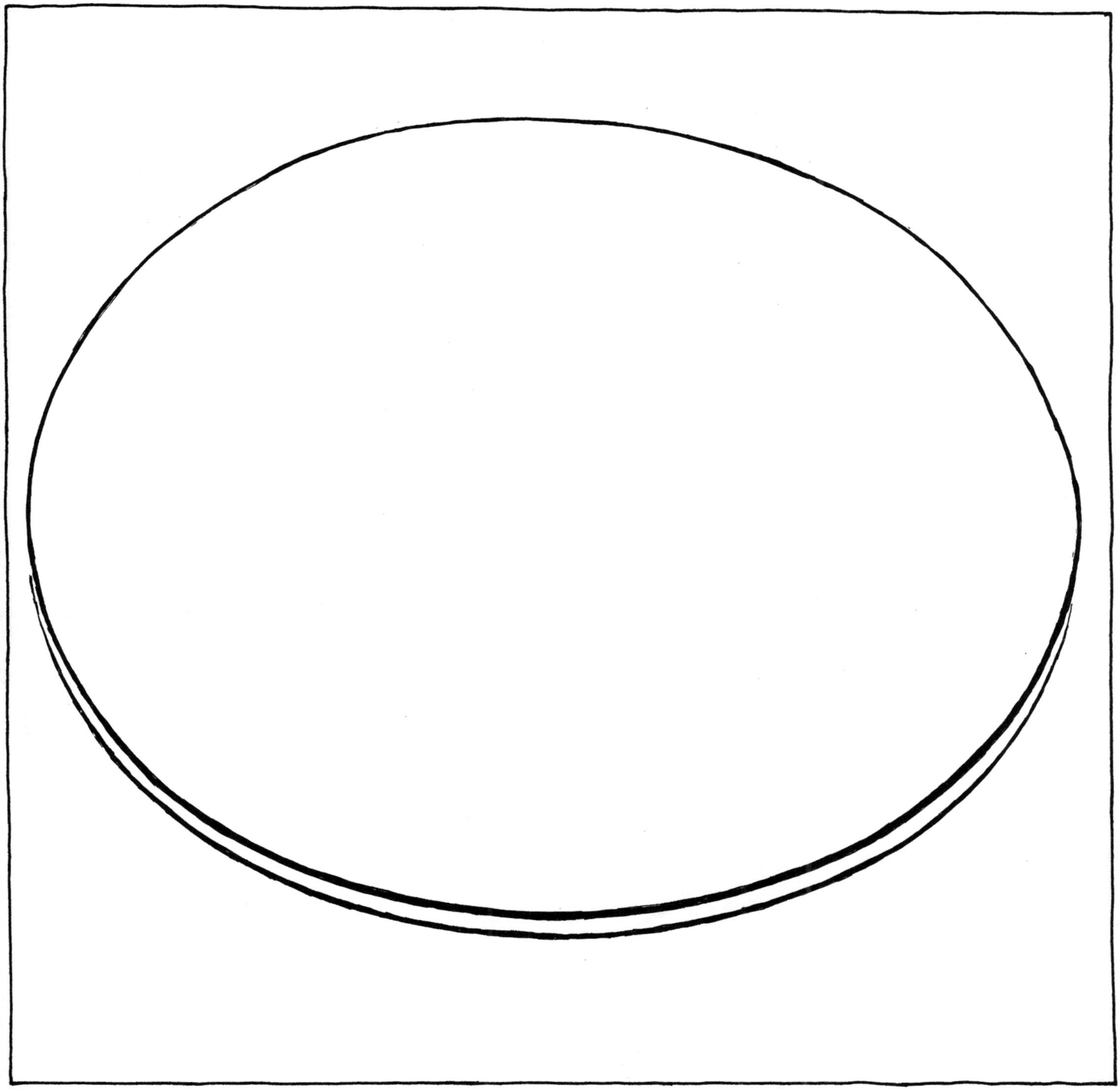

# Ideen-Index

### ich

### Kindergarten

### Pflanzen

## Raum

## Schule



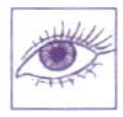

## Sehen

## Stein

## Tasten



## Technik



## Tiere



## Zeit

# Literatur


Auer, Martin: Der bunte Himmel. Dreiundzwanzig Wunschgeschichten zum Lachen und Wundern, zum Nachdenken und Nachträumen. Mödling 1995.

Aufgaben und Probleme der Frühförderung gehörloser und schwerhöriger Kinder unter dem Aspekt der Begabungsentfaltung, ed. Stiftung zur Förderung körperbehinderter Hochbegabter. München 1980.

Benjamin, Walter: Der Erzähler. In: Walter Benjamin: Illuminationen. Ausgewählte Schriften. Frankfurt 1977, S. 385–410.

Bettelheim, Bruno: Kinder brauchen Märchen. München 1980.

Biddulph, Steve: Das Geheimnis glücklicher Kinder. München, 3. Auflage 1995.

Brandl, Werner M. A.: Lern- und gedächtnispsychologische Argumente für eine deutlichere Berücksichtigung der Versprachlichung im (Fach-)Unterricht. Internet: http://www.stif2.mhn.de/sprache.htm

Brügel-Fritzen, Sabine/Wittkamp, Julia: Auch Bärenkinder werden groß. Geschichten zum Vorlesen. München 1996.

Cratzius, Barbara/Altegoer, Regine: Zippel Zappel Fingerspiel. Tolle Beschäftigungsideen fürs ganze Jahr. München 1997.

Das Sprachbastelbuch. Wien 1975.

Die Erzählungen aus Tausendundein Nächten Bd.I/1. Frankfurt/Main 1976.

Diederichs, Ulf: Who's who im Märchen. München 1995.

Doris Dörrie/Julia Kaergel: Lotte will Prinzessin sein. Ravensburg 1998.

Ende, Michael: Momo. Stuttgart 1986.

Estés, Clarissa Pinkola: Die Wolfsfrau. Die Kraft der weiblichen Urinstinkte. München 1996.

Frerichs, Hajo: Die Bedeutung neurophysiologischer und neurolinguistischer Erkenntnisse für die pädagogische Förderung gehörloser und schwerhöriger Kinder. In: Frühförderung 1980, S. 103–119.

Fromm, Erich: Von der Kunst des Zuhörens. Therapeutische Aspekte der Psychoanalyse. München 1991.

Ich schenk dir eine Geschichte. Geschichten vom Reisen auf Schienen 1998. München 1998.

Grabbet, Regina: Das große bunte Spielebuch für Kinder von 2 bis 6 Jahren. Niederhausen/Ts. 1996.

Harris, Paul L.: Das Kind und seine Gefühle. Wie sich das Verständnis für die anderen Menschen entwickelt. Bern–Toronto 1992.

Keyserlingk, Linde von: Da war es auf einmal so still. Vom Tod und Abschiednehmen. Freiburg im Breisgau 1997.

Kiphard, Ernst J.: Motopädagogik Bd. 1. Dortmund 1980.

Kindergarten. Zeitschrift für Erziehung im Vorschulalter. Ed. Verband der Kindergärtnerinnen Schweiz 11/97.

Kopisch, August: Die Heinzelmännchen, München 1995.

Korschunow, Irina: Hanno malt sich einen Drachen. München 1978.

Luczak, Hania: Wie ein Charakter entsteht. In: Geo 8/1998, S. 34–52.

Mackowiak, Katja: Ängstlichkeit, Selbstregulation und Problemlösen im Vorschulalter. Frankfurt 1998.

Märchen aus alter Zeit. Augsburg 1997.

Mark Zengaffinen, Petra: Das Haus der Stille. Stilleübungen und Phantasiereisen mit Kindern. Düsseldorf 1998.

Mechsner, Franz: Wissen ist ein Kinderspiel. In: Intelligenz + Bewußtsein. Geo Wissen. Hamburg 1994, S. 45–51.

Monschein, Maria: Spiele zur Sprachförderung. München 1997.

Neffe, Jürgen: Die Schatten der Erkenntnis. In: Intelligenz + Bewußtsein. Geo Wissen. Hamburg 1994, S. 30–39.

Nüchter, Wilhelm/Schutte, Trudi: Erzähl & Mal. 40 Ideen zum Bilder malen und Geschichten schreiben. Verlag an der Ruhr 1987.

Oehlmann, Christel: Garantiert erzählen lernen. Reinbek 1995.

Pertler, Cordula/Pertler, Reinhold: Kinder erleben Märchen. Methoden und Ideen. München 1995.

Riedl, Franz-Xaver: Mündlicher Sprachgebrauch 1./2. Jahrgangsstufe. Erzählen, Zuhören, Miteinander sprechen. Puchheim 1994.

Rodari, Gianni: Grammatik der Phantasie. Leipzig 1992. (Neuausgabe angekündigt für März 1999)

Rogge, Jan-Uwe: Kinder haben Ängste. Von starken Gefühlen und schwachen Momenten. Reinbek 1997.

Rossmann, Peter: Einführung in die Entwicklungspsychologie des Kindes- und Jugendalters. Bern–Seattle 1996.

Satory, Elisabeth: Kindergarten und Schule. Texte zum Vorlesen und Spielen. Graz 1981.

Schlote, Wolfgang: Grundlagen der neurophysiologischen Entwicklung von Kindern im Vorschulalter. In: Frühförderung 1980, S. 37–60.

Skutina, Vladimir/Sacé, Marie-José: Wo die Zeit wohnt. 1985.

Vorholt, Christine: Bausteine Kindergarten. Sammelband 5. Aachen 1993.

Waddell, Martin: Kannst du nicht schlafen, kleiner Bär? Wien–München 1988.

Wölfel, Ursula: Siebenundzwanzig Suppengeschichten. Düsseldorf 1968.